はじめての

# マンション経営

30・40代の今からできる資産運用

西田美和
スカイコート株式会社 取締役社長

経済界

# はじめに

## （将来も安心な生活基盤をつくり「人生100年時代」を生きる）

世界中で大ベストセラーとなった書籍があります。

ロンドン・ビジネススクール教授のリンダ・グラットン氏とアンドリュー・スコット氏が書いた『ＬＩＦＥ ＳＨＩＦＴ』です。

この中で、両氏は「人生１００年時代」という概念を提唱しました。

全世界で長寿化が急激に進み、

「２００７年に日本に生まれた子どもの50％は１０７歳まで生きる」

などと具体的な数値を挙げて、人生１００年時代の到来を予測しています。

そう言われても、

「自分は100歳まで生きる」

今、本気でそう信じている人は少ないかもしれません。

しかし、人生100年時代は、決して絵空事ではありません。

ご存じの通り、日本は長寿社会のトップランナーです。

厚生労働省が発表したデータによると、日本人の平均寿命は2020年現在、男性が81・41歳、女性87・45歳。共に平均寿命の過去最高を更新しました。

65歳で定年を迎えても、男性の場合、平均寿命まで15年以上もあるのです。

ちなみにこれはあくまでも平均値。すでに、およそ男性の4人に1人、女性の2人に1人が90歳以上を生きています。

100歳以上の人も年を追うごとに増えており、2020年には初めて8万人を突破(8万450人)しました。

人生100年時代は目の前の現実なのです。


では、そうした長寿社会に、私たちはどう対応していくべきでしょうか。

本来、寿命が延びるのは喜ばしいことです。

しかし、長く生きるからこそ生じるリスクもあります。

リンダ・グラットン氏も、100歳を生きる人生に合わせて、私たちは働き方、そして生き方そのものを変えるべきだ、とのメッセージを発しています。


長生きすることのリスクは、何でしょう。

不謹慎とのご批判もあるでしょうが、あえて言わせていただきます。

一番のリスクは「お金」です。

長生きする分、生きるためのお金が余計に必要になってきます。

長い人生をより充実したものにするためにも、人生100年時代を生きる私たち1人ひとりが、安心して老後を過ごせる生活基盤をつくり上げなければならない、ということなのです。

では、どのようにして、そのような生活基盤をつくっていけばよいのでしょうか。

私が提案したいのは「マンション経営」です。

マンションを購入し、入居者にお貸しして、家賃収入を得る。分かりやすく言えば、オーナーさん（＝大家さん）になっていただく、ということです。

世の中にはいろいろな投資法がありますが、マンション経営は株式投資のようにワンクリックで利益を確定させて終了、というものではありません。

オーナーさんご自身がマンションという形のある実物資産を、長い年月をかけて育てていきながら、定期収入を得ていただく。そこが金融商品と大きく異なるところです。

「自分には無理」

とお考えの方もいるでしょうが、そんな人にこそ、本書をお読みいただきたいと私は考えています。

驚くほどハードルが低い取り組みであることをご理解いただけるでしょう。

オーナーさんと共に経営を行う心強いサポーター（不動産会社）もいますし、そのための仕組みもしっかりと確立されています。

## 確かな「備え」になるマンション経営の魅力

このように私がマンション経営をおすすめするのは、かつて私がフィギュアスケートの選手だったこととも関係があります。

私たちアスリートは、現役時代から

「ケガをしたら終わり」

という強い危機感を持ち続けています。

現役の「終わり」を常に意識しながら、短い選手生活を少しでも輝かせようと、努力に努力を重ねます。

しかし、どんなに優れた成績を残そうとも、いずれ引退の時がやってきます。現役を退いた瞬間、アスリートはある問題を突き付けられます。

現役よりはるかに長い第2の人生をどう歩んでいくか。しっかりと収入を得て、将来に備えていくことができるのか、という問題です。

強い危機感を持って、人生を歩んでいるからこそ、現実的に対処しようという前向きな発想も生まれます。

実際、近年は将来の収入確保の具体的な手段としてマンション経営を選択するアスリートも増えてきました。

しかし、すでに申し上げたように、「将来への備え」が必要なのはアスリートだけではありません。

誰もが将来に備える解決策を持たなければならない時代です。

その選択肢の1つとして、ぜひマンション経営をお考えいただきたいと私は考えています。

とはいえ、

「マンション経営は怖い、危ない」

と、お考えの方も多いことでしょう。

リスクに尻込みしてしまう気持ちは私にも分かります。

本当に怖くて、危ない運用法なら、やらない方がいいに決まっています。

しかし、私が提案するマンション経営は、怖いものでも、危ないものでもありません。

私は、フィギュアスケートとマンション経営には共通点があると考えています。

フィギュアスケートは時間のかかるスポーツです。

将来、自分がなりたい理想の選手像から逆算して、今、自分にはどういう「技」が必要かを考え、年間３６５日、同じことを練習し続けます。一足飛びでスキルが上がる、ということはありません。

マンション経営も同じです。短期間で大きな収益を生むことはできません。しかし、目標を持ち続け、それに向けて経営を続けることで、毎月、安定的収入源が見込めます。

「時間をかけてコツコツ準備して、何かしらの成果を上げることが好き」

そういった真面目な方ほど向いています。

一攫千金とは真逆の、安心できる事業です。

確かにマンション経営にも、リスクはありますが、そのリスクを極小化するノウハウも確立されていますし、そのことは本書でも詳しくご紹介させていただきます。

マンション経営は息の長い事業です。

30歳で物件を購入し、金融機関からの借入期間が30〜35年ならば、完済するときは60〜65歳となります。

50歳で始めれば80〜85歳となります。

したがって、マンション経営はできることなら早い年代からスタートさせる方が良いでしょう。

しかし、年配だから不利というわけではありません。

年齢に関係なく、要はいかにして購入物件の価値を高め、長期、安定的に収益を上げていくか。

そのことが問われているのです。

本書でも紹介していますが、マンション経営はローンを完済した後にうまみがあります。毎月の返済がなくなりますから、家賃収入から経費を差し引いた残りの全てが利益になるのです。

退職後の生活資金として考えるならば、悠々自適な生活を実現することも可能です。

長期的なビジョンを持って、人生を楽しむゆとりを持つ。これこそ、今の時代にマンション経営を始める最大のメリットと言えるでしょう。

困難な時代にも臆することなく、快適に、そして楽しく人生を送っていただくために、本書が皆さまのお役に立てればば心からうれしく思います。

2021年3月吉日

スカイコート株式会社
取締役社長
西田美和

もくじ



## 第1章 将来の安心は自分自身でつくる 17

## 第2章 マンション経営で人生を豊かに 57



## 第3章 マンション経営のメリットとデメリット 83

企画協力　藤井大輝（関西テレビ放送）
編集協力　成田春樹（エディット・セブン）
ブックデザイン　山之口正和＋沢田幸平（OKIKATA）

# 第1章

# 将来の安心は自分自身でつくる

平均寿命が年々延びる中、誰にとっても大きな課題となっているのが将来の生活資金の確保です。20代、30代ではまだピンとこない、という人もいるでしょうが、真剣に考えなくてはならない時代になりました。国にも会社にもしがみついてはいられない、そんな状況が訪れるからです。1人ひとりのお金に対する意識改革、そして金融リテラシーの向上が求められています。

# 将来の安心な生活は自分自身の「備え」があってこそ

Q

「老後2000万円問題」が話題ですが、それだけ貯めるのは大変そうです。年金で賄えませんか？

A

それはちょっと、甘い考えかもしれません。

退職後30年間の生活資金として、「公的年金のほかに」およそ2000万円が必要になる。

これが「老後2000万円問題」の基本的な内容です。

肝心な点は、

「公的年金に頼り切っていては、必要最低限の生活が送れない」

という点でしょう。

実際に試算したのは、金融庁の金融審議会「市場ワーキング・グループ」。民間のシンクタンクではありません。

国の機関が自分たちで議論した内容をまとめた報告書（「高齢社会における資産形成・管理」２０１９年６月公表）の中で具体的に示しています。

言及した箇所を抜粋してみましょう。


「夫65歳以上、妻60歳以上の夫婦のみの無職の世帯では毎月の不足額の平均は約５万円であり、まだ20～30年の人生があるとすれば、不足額の総額は単純計算で１３００万円～２０００万円になる」


かなり断定的な書きぶりですが、もちろん、根拠となるデータがあります。

総務省の「家計調査年報（家計収支編）」（２０１７年）です。

これを基に、夫65歳以上、妻60歳以上で共に無職、収入は年金のみ、という夫婦が「モデルケース」として取り上げられています。

その家計収支を具体的に見てみましょう。

実収入は年金の給付額を含めて約20・９万円です。

**家計収支の例　※夫65歳以上、妻60歳以上の無職の場合**

| | |
|---|---|
| 実収入 | 約20.9万円（年金給付含む） |
| 支出 | 約26.4万円 |
| 月間収支 | △5.5万円 |
| 年間収支 | △5.5万円×12月＝△66万円 |
| 20年間 | △66万円 ×20年＝△1,320万円 |
| 30年間 | △66万円 ×30年＝△1,980万円 |

一方で、支出は約26・4万円。

報告書の記述にあるように、毎月5・5万円不足します。

ということは1年の不足額は、

5・5（万円）×12（月）＝66万円ですね。

それでは、20年間の不足額はどうなるでしょう。

66（万円）×20（年）＝1320万円です。

30年ではどうでしょう。

66（万円）×30（年）＝1980万円です。

当然といえば当然ですが、報告書の記述通りです。

いろいろな数値が出てきましたが、ここで述べられているのは2つだけです。

1つは、年金だけでは退職後の生活費は足りないので、毎月、保有している資金から取り崩さざるを得ない、ということ。

もう1つは、長生きすればするほど、取り崩すお金の額が増えていく、ということ。

当たり前のことを言っているに過ぎません。

しかし、ご存じの通り、この報告書が公表された途端、大きな社会問題に発展しました。

「2000万円なんて貯められるはずがない」

「これまで年金を払ってきたのに、それで生活できないなんて、詐欺みたい」

そんな声も聞かれました。

でも、これが現実。受け入れるしかありません。

むしろ、2000万円は備える額としては少なすぎる、という声もあります。

生命保険文化センターの調査（2019年）によると、旅行や趣味などを楽しむゆとりある生活を送るためには、月額約36万円が必要とのことです。

この場合、65歳からの30年間で、年金以外に5500万円を超える生活費が必要になります。


確かに、生活費はライフスタイルによって異なります。

よりお金がかからない生活の仕方を工夫してみることもできるでしょう。

必要額は人それぞれですし、寿命の長さによっても変わってきます。

でも、人生、何が起こるか分かりません。

急に病気になることだってあります。

寿命については、なおさら自分でコントロールできません。

突発的なことがあっても、予想していなかった事態に立ち至っても、それを乗り越えることができる「備え」があってこそ、「安心」した生活が送れるのだと私は思います。

その「安心」は自分以外の誰かが授けてくれるものではありません。

１人ひとりが努力して、つくり上げていかなくてはならないのです。


ところで、ここで１つ、疑問が浮かびます。

なぜ金融庁の審議会は、報告書の中で「１３００万円～２０００万円」と金額を具体的に出したのでしょうか。

その金額が高いと感じるか、安いと感じるかは人それぞれですが、いずれにせよ、具体的数値が与えるインパクトの大きさは金融庁も分かっていたはずです。

2000万円という金額が一人歩きしてしまうリスクも事前に考えることができたと思います。

それでもあえて数字を出したのはなぜなのでしょうか。

こればかりは推測するしかありませんが、

「国をあてにしてはいけませんよ。将来の生活資金は自分自身で用意してくださいね」

というメッセージだったのではないかと思います。

# もはや公的年金に将来の生活を委ねられない時代に

**Q** 自ら退職後の生活資金を準備しなければならない、ということでしょうか？

**A** そうです。しかも、今後を見据えると、「将来の安心は自分でつくる」という意識がこれまで以上に重要になってきます。

「国」も「会社」も頼れない。

そんな過酷な状況が訪れるからです。

まず、「国」から見ていきましょう。

なぜ、私たちは国を頼ることができなくなるのでしょうか。背景にあるのは「人口減少」です。

日本の2020年6月1日現在の総人口は、1億2585万人でした（総務省統計局「人口推計」確定値）。

これが、2040年には1億1092万人、2053年には9924万人と1億人を割り、2060年には9284万人まで減少すると予測されています（いずれも国立社会保障・人口問題研究所の出生率中位・死亡中位推計。以下同）。

特に減少が著しいのが、「15〜64歳」の働き手（生産年齢人口）です。

働き手とはどういう存在でしょうか。

一言で言うと、お金の稼ぎ手です。

お金を稼いでくれる人たちの数が少なくなるわけですから、その分だけ国の体力が減退してしまいます。

では、実際に働き手はどれくらい減るのか、見てみましょう。

2015年時点の生産年齢人口は7728万人。これが、2040年には5978万人と6000万人を割り込みます。さらに、2060年には4793万人、2065年には4529万人になると推計されています。

生産年齢人口が減っていく一方で、高齢者の割合は増えていきます。少ない働き手で多くの高齢者を支えなければならなくなるわけです。

２０１５年には働き手２・３人で高齢者１人を支えていました。

これが２０４０年には１・５人、２０６０年には１・３人の働き手で支えなくてはならなくなります。

当然、働き手世代への経済的な負担が重くなっていきます。

それを象徴するのが「社会保障給付費」です。

社会保障給付費とは年金や医療、介護、生活保護など、主に高齢者に支払われるお金やサービスの合計額ですが、国の税収が減る中で、この社会保障給付費だけは年々増え続けています。それも驚異的といっていいほどの伸びです。

今から半世紀前（１９７０年）の社会保障給付費は約３兆５０００億円でした。

ところが、２０２０年度は約１２６兆８０００億円。この50年間で何と約36倍も増えてしまいました。

働き手世代への負担は、ギリギリまできています。それでも間に合いません。

そこで、増え続けているのが国の借金です。

国・地方を合わせた借金残高（財務省「国及び地方の長期債務残高」）は毎年のように最高額を更新していますが、財務省によると2020年度末には1182兆円に達する見込みです。これは日本の国内総生産（GDP）の2倍を超えます。

国は債務の返済費用を除き、税収の範囲内でその年の歳出を抑えようとしていますが、実現にはほど遠い状況です。

2020年度当初予算を見ても、赤字額は9兆円以上に及びます。補正予算を加えると、赤字額は20兆円を超えます。

この傾向が突然変わることは、考えられません。借金はこれからも増えていかざるを得ないでしょう。

しかし、予算の増大を抑え込まなければ、先進国最悪といわれる日本の財政状況はさらに悪化してしまいます。

政府支出の中で最も大きい社会保障給付費の伸びに、ブレーキをかけるしかありません。

そこで矢面に立つのは、社会保障給付費の中でおよそ半分を占める「年金」です。

年金制度は2004年に大改革を行いました。覚えていらっしゃる方もいるでしょう。

「100年安心プラン」です。

しかし、このプランが始まって数年後には、早くも年金積立金の取り崩しが始まってしまいました。

保険料や運用などの収入よりも、支出である給付金総額が多くなってしまっているのです。

残念ながら、全然、安心な状況ではありません。この状況が続けば、年金制度は維持できないという見方が広がっていきます。

これからいろいろな改正が政府の手で行われていくでしょう。

例えば受給開始年齢の引き上げです。

現在は65歳が年金の受給開始年齢ですが、やがて70歳に、さらに75歳に引き上げられるかもしれません。

ただし、受給開始年齢の引き上げだけでは制度は維持できない、という見方も広がっています。

いずれは年金受給額も減額され、医療や介護の自己負担割合も相当程度上昇する可能性が多くの識者から指摘されています。

Q 親世代よりも若い世代の方が社会保障の負担は大きいと言われます。本当ですか?

A 本当です。

社会保障制度の基本的な仕組みは、「現役時代に保険料を負担し、退職後にサービスを享受する」というものです。

基本的な仕組みは一貫して変わりません。

しかし、受益と負担のバランスは世代によって異なります。

先ほどお話ししたような年金の制度改正は、ある日、突然、行われるものではありません。

これから地ならしをしながら、時間をかけて行われると考えるのが自然でしょう。

とすると、一番割を食うのは、今の若い世代です。

現役時代には重い負担を強いられる。

にもかかわらず、いざ自分たちが高齢になって、支えられる立場になったときには、給付を減らされる。
そんな事態が現実になるかもしれません。
実際、現在においても、若い世代が損をしていることを表す客観的な指標があります。
それが「生涯純受給率」というものです。
内閣府経済社会総合研究所に掲載された論文（「社会保障を通じた世代別の受益と負担」2012年1月）で紹介された指標で、社会保障からの純受益が生涯収入に占める割合を示しています。
これを生年別に見てみます。
1950年生まれの人を1・0％とすると、
1990年生まれはマイナス11・5％
2000年生まれはマイナス12・4％
2010年生まれではマイナス13・0％
年々、マイナス幅が大きくなっていることが分かります。
マイナスとは、負担に比べて受益分が少なくなることを意味します。

遅く生まれた人ほど、損失額が大きいことは明らかですね。

２０１０年生まれの人は、１９５０年生まれの人よりも遅く生まれたというだけで、生涯収入の13％分も「損」をしてしまう。そんなことが実際に起きているのです。

年金・医療・介護はいずれも若い世代が保険料などを負担し、高齢者のサービスを支えています。

高齢化が進めば、若い世代の損失額がさらに増えていきます。

「老後２０００万円問題」は、公的年金だけでは、退職後の生活費を賄うのは難しいという問題を浮き彫りにしました。

しかし、それは高齢世代だけの問題ではありません。

未来を生きる若い世代にこそ、関係のある話なのです。

耳の痛い話に違いありませんが、かといって耳を塞いで、放置していい問題ではありません。

１人ひとりが将来に備えて、個人年金に相当するお金を自分でつくっていくしかありません。

若い世代ほど、国を頼らない、自助の精神で生きる姿勢が重要になっていくのです。

# 「老後難民」にならないために会社にしがみつくのはやめる

**Q**

**公的年金だけでは心もとないことはよく分かりました。では、会社の退職金などはいかがですか？**

**A**

会社にも頼れなくなります。

もちろん、ありとあらゆる会社がそう、とは言いませんが、その傾向はより強くなっていくでしょう。

日本の企業はかつて戦後復興を成し遂げる過程で、世界ではあまり見られない、特徴的な雇用形態を確立していきました。

「勤続年数が上がるにつれて、給料も上がる」（年功序列）

「企業は定年まで働く場所を提供して、雇用を保障し続ける」（終身雇用）

この2本を柱とした「日本型雇用」システムです。

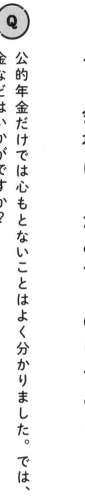

ある意味、企業はこうした特徴的な雇用形態を取り続けることを通じて、社会のセーフティーネットとしての役割を果たしてきたともいえます。

しかし、バブル経済の崩壊後、企業にその余裕がなくなり、企業と雇用者との関係が、次第に崩れていきました。

バブル崩壊後の失われた20年、そして現在のデフレ期において、日本企業の業績が低迷を続けていく中で、リストラや給与カットなど、人件費の削減が行われました。

結果として、企業は日本型雇用を放棄するようになり、非正規社員も大幅に増加しました。

「格差社会」といった言葉が生み出されたのも、こうした企業姿勢が背景にあるのです。

また、近年は企業環境そのものも激変しました。

グローバル化や人工知能（ＡＩ）などのテクノロジーが発達したことで、成長する仕事、衰退する仕事が明確に分かれてきました。

これまで繁栄してきた業種であっても、時代の波に乗り遅れると、すぐに業績が後退していく。そうした時代に企業は置かれているのです。

たとえ今日は業界トップ企業に位置していても、明日はどうなるか分かりません。

会社の寿命は、かつては30年と言われていましたが、今では23・9年（2018年に倒産した日本企業の「平均寿命」）と短くなりました。

最近も、あるグローバル企業の経営者が、

「終身雇用を守っていくのは難しい局面に入ってきた」

と発言し、大きな話題になりました。

この会社は日本を代表する企業です。そうした企業さえ、将来的には終身雇用を維持するのは容易ではない、と認識しているのです。

サラリーマンの皆さんは、この状況をどう受け止めますか。

「退職金があるから何とかなる」

と考えている人もいるでしょう。

しかし、企業の存続が危うい状況であれば、サラリーマンの退職後の生活を保障してくれた退職金も期待できません。

フィデリティ退職・投資教育研究所が行った「高齢者の金融リテラシー調査」（2019年）によると、「退職金制度がなかった」と回答した人は25・5％と、4人に1人以上に及びます。

さらに、制度があっても「退職金が出なかった」と回答した人を加えると、実に31・8％が「退職金０円」でした。

会社にしがみついていれば、人並みの老後生活を送れる時代は終わりを告げたと見るべきでしょう。

今のままでは、高齢になったときに基本的な生活にも支障を来す「老後難民」が急増しかねません。

# 将来への「備え」の第一歩はマネープランを立てることから

**Q** 将来への「備え」の大切さは分かりました。では、まず何から手を付ければいいのでしょうか？

**A** まず必要なのは、マネープランを立てることです。

結婚、出産・子育て、住宅購入と、ライフイベントにはそれぞれまとまったお金が必要になります。

特に重視したいのは、「子どもの教育費」「住宅費」「退職後の生活費」という、いわゆる人生の「3大費用」です。

まず、自分や家族はどういうライフスタイルを送りたいのかをイメージしましょう。その上で、

「それぞれのライフイベントで、どのくらいのお金が自分や家族は必要になるのか」

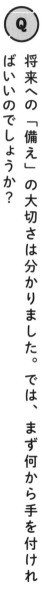

を具体的に考えていきます。

例えば、結婚から新婚旅行までの結婚費用にはいくらかかるのか。

小さなお子さんがいたら、全て公立学校で進学するとすれば、大学卒業までにいくら要するのか。

私立高校、私立大学に進学する場合は、どうなるのか。

住宅費用はいくらを考えているのか。

ローンを組むとしたら、何年で払い終えるのか。

詳細にシミュレーションしていきます。

退職後の生活資金も同様です。

金融庁の報告書に示された、月々26万円余りを支出する、平均的な生活を想定するのか。

あるいは月36万円を必要とする、ゆとりある生活を送りたいのか。

理想のライフスタイルを想定し、そのためのお金をどういう手段で準備するかを考えていきます。

特に、退職後の生活資金を考えるにあたって、見落としてはいけないものがあります。

「資産寿命」です。「資産寿命」とは、退職後の生活を営んでいくにあたり、それまで形成してきた資産が尽きるまでの期間を指します。例の金融庁の報告書にも記されている概念です。これをできるだけ長くするための方策が必要になってきます。


自分が受け取れる年金額は月々いくらか。

退職金は支給されるのか。

その退職金を運用するのか、しないのか。

運用する場合には、どういう手段で運用するのか。

その場合、利回りはいくらぐらいを設定すべきか。

資産運用なども駆使して、「資産寿命」を長くするための、具体的なプランの立案が必要となっているのです。

## Q マネープランの重要性は初めて知りました。多くの人はそうした対策をしているのでしょうか？

A

誰もが不安な将来を見据えて、老後の経済生活に備えなければならない時代です。

しかし、実際に行動に移している人は多くありません。

2019年3月に、政府機関の金融広報中央委員会（事務局：日本銀行）が、18歳以上の個人2万5000人にアンケート等を行った「金融リテラシー調査」を見てみます。

この中で「老後の生活費について資金計画を立てている人の割合」は34・9％にとどまっています。

一方、「老後の生活費について資金を確保している人の割合」は、実に25・8％に過ぎませんでした。

ほぼ3人に2人は、マネープランを立てていない、ということです。

マネープランを立てずに生きていくことは、海図を持たずに船をこぎ出すようなもの、と私は考えます。

行き当たりばったりの人生を歩まざるを得ない、ということです。

成り行き任せの、その日暮らしのマインドで、退職後の人生を乗り切ることができるほど、現実は甘くはありません。

それは、これまでご説明した通りです。

「老後貧困」「老後破産」が現実になってしまわないように、早いうちから行動すべきだと思います。

# 貯金だけでいい時代は終わり 金銭感覚と価値観を改める

Q お金について考えれば考えるほど不安になります。安心できる将来の生活資金をつくるには、どうしたらいいですか？

A 自分の生活や人生は自らの力で守らなくてはならない。

そんな発想と行動が迫られる時代に、私たちは生きています。

国や会社にしがみついてはいられませんから、これまでと同じ発想をしていたのでは、経済的にも精神的にも、安定は得られないと思います。

まず、私たちが常識として身に付けてきた「金銭感覚」を変えていかなければなりません。

最初に変えるべきは、貯金さえしておけば何とかなる、という「貯金主義」です。

これまで手持ちのお金は金融機関に預金することが常識でした。

親からも「貯金しなさい」と教育されてきました。それが最も確かな生き方だと考えられていました。

確かに、そう考えられるだけの根拠はありました。

１９７０年代は、郵便貯金の定額貯金の金利がなんと８％もあったのです。

これなら、何も考えずに誰もが貯金するでしょう。

１０００万円を定額預金で預ければ、１年で80万円もの利息が付くのですから、当然です。

しかし、時代が変わりました。

今や、預金利率は普通預金から定期預金まで、１％にも及びません。

これでは生活の足しにもならず、預金通帳の中に寝かせているだけになります。

さらに心配なことがあります。

貯金主義の人たちは、

「お金を貯めている以上、減ることはない」

と信じているでしょうが、それは誤解です。

世界的な投資家であるウォーレン・バフェットは

「インフレーションこそが最も重い税金である」

と語っています。

せっかく貯金をしていても、世の中がインフレ傾向になれば、すぐにその額は目減りしていくのです。

政府もデフレ脱却に躍起になっています。

２０１３年から日本銀行が掲げているプラス２％物価目標は達成できていませんが、インフレーション・ターゲティング政策は、今後も続けられていくでしょう。

仮に年２％のインフレが続くとどうなるでしょう。

１０００万円の価値は５年後には９０５万円に、10年後には８２０万円に、15年後には７４３万円に、そして20年後には６７２万円にまで下がります。

貯金だけに頼るのは、いかに危うい選択であるかが分かるでしょう。

Q

## これ以外にも、私たちが変えるべき金銭感覚や価値観はありますか？

私たちは長らく、「収入源は1つ」という状態を、当たり前のこととして受け止めていました。

本業に専念して、勤務している会社や組織から給料をもらい、退職時には退職金が支給される。

A

かつてはそれで老後の生活まで十分に保障されていました。

しかし、今後はこうした金銭感覚も改める必要がありそうです。

本業とは別に、「複数の収入源」を得ながら生きていく。

そうした心構えで人生を歩んでいくことが大切だと思います。

もちろん、「本業で得るお金」が基本的な所得です。

しかし、サラリーマンには定年退職がありますし、運悪くリストラに遭えば、収入は閉ざされてしまいます。

だからこそ「複数の収入源」を持つのです。

本業以外の時間を副業に充てる。これもいいでしょう。

ただ、体を壊して働けなくなってしまえば、やはり収入はゼロになってしまいます。そうしたリスクに対処するために、「資産運用」について真剣に考えておいた方がよいでしょう。

銀行の利息も株式配当も家賃収入も、お金を稼ぐ方法の１つです。しかも、そうした運用資産は、人間と違って年中無休で働いてくれます。病気にもかかりません。けがもしません。頼りになる存在です。

もちろんリスクも生じますが、正しい運用ができれば、長期にわたって安定した第２の収入になります。

確かに額に汗して働きお金を得るのは貴重なことです。人間としても当然の行為です。ただ、それだけでは生きていくことは難しい時代に入ってきました。必死に稼いだお金だけに、そのお金の価値が生きるように、正しい運用を心掛け、実行する。

これが、今求められる生き方なのです。

# 全日本人に求められる金融リテラシーの向上

Q これまでお金を貯めることで頭がいっぱいでした。お金の運用についてもっと学ぶべきでしょうか？

A 日本は先進国の中で、圧倒的に「貯金偏重」の国として知られています。

日本銀行が2020年8月に公表した資料に「資金循環の日米欧比較」があります。

この中に日本・アメリカ・ユーロ圏を比較する形で「家計の金融資産構成」が取り上げられています。

これを見ると、一目瞭然です。

金融資産合計に占める「現金・預金」の割合は、アメリカが13・7%、ユーロ圏は34・9%。一方、日本は54・2%にまではね上がります。

日本だけがダントツに高いですね。アメリカの4倍にも達しています。いかに日本人は貯金好きかが分かるでしょう。

次いで、「債務証券」「投資信託」「株式等」を合計した割合も見てみましょう。日本は14・4％、アメリカは50・8％、ユーロ圏は27・9％。

日本だけ突出して低いですね。欧米に比べて、資産運用をしている人が圧倒的に少ない、ということを意味しています。

私たち日本人にとって、投資や運用はいかに、敷居の高い行為であるかがよく分かります。

お金は通帳の中に、長期間、眠らせておくのが当たり前。運用して増やしたりする行為は、「特別なこと」という感覚があるのでしょう。

しかし、考えてみてください。

そもそも経済は、お金が循環することで成り立っています。

お金が回ることで、物の売り買いが活発になり、街ににぎわいが生まれ、人々の所得が増えていきます。

そうしたお金の性質は、私たちの生活においても当たり前のはずで、決して特別なことではありません。

むしろ、大きな視野で見ると、通帳にお金を入れたまま、長期間保有し続けている方が、不健全といえるかもしれません。

ところが、日本人はそう考えません。

野村総合研究所「若年層を中心とした個人による投資の現状とＮＩＳＡの利用促進に向けた課題に関する調査」（２０１５年１月）でも、投資未経験者が「投資」に抱くイメージは、

「お金に余裕がある人向け」

「リスクが高い」

「素人には難しい」

「ギャンブル・賭博」

「怖い」

「自分とは関係ない」

といったものが中心で、

「資産形成に役立つ」

「長期投資」

「少額から始められる」

「副収入を得られる」

といったイメージを持つ人は少ないと述べています。


この欧米との感覚の違いはどこから来ているのでしょうか。

教育の差、だと私は思います。

欧米では、子どものころから学校でお金についての教育が行われ、リテラシーとして金融知識を身に付けています。

例えばアメリカでは「金融リテラシー教育委員会」の下で、パーソナルファイナンス（個人や家計におけるお金の計画や管理）を中心に、学校における金融教育が展開されています。

イギリスでも、公立学校のカリキュラムに金融教育が盛り込まれており、お金の管理の仕方に加え、リスク管理や、金融が人々の生活で担う役割などについて幅広く学びます。

国民が学ぶべき教養の1つとして、金融知識を身に付けているわけです。

一方で、私たち日本人のほとんどは、金融教育を受けていません。

学ぶ機会がないために、お金に対するリテラシーは育っていません。

金融広報中央委員会の「金融リテラシー調査」（２０１９年）を見ても、「学校等で金融教育を受けた」と答えた人はたったの7・2％。「家庭で金融教育を受けた」と答えた人も、たかだか20・3％に過ぎません。

同調査では、金融知識や判断について各国と共通の設問を答えさせる形で、その正答率の比較もしています。

これを見ると、日本はフランスと比較して12％、ドイツと比べて7％、アメリカと比べて6％も正答率が低いことが分かります。

さらに、「金融知識に自信がある人」の割合は、日本は12％と、アメリカの76％を大きく下回っています。

日本人は欧米の人たちに比べ、金融知識の面で、大きな差を付けられていることが分かります。

金融教育が行われてこなかったという事態は、先進国としてはかなり特殊な状況です。

なぜ、行われてこなかったのでしょうか。

「お金＝不浄のもの」といった日本人特有の金銭観が影響している、とも言われていますが、それだけではないでしょう。

この背景として、戦後の経済政策が関係していると思います。

日本は敗戦から経済を立て直すにあたって、必要としたのは産業振興のための資金でした。

国はその原資を国民に求めたのです。

つまり貯蓄です。

国民の貯蓄を国は財源として、さまざまな事業を行うことにしたのです。

ここから、貯蓄を大いに奨励する国策が生まれました。

戦後ずっと、国民はひたすら「貯蓄する」役割を担い、そのお金を運用するのは政府の役割でした。

この役割分担は今世紀に入って、「財政投融資」という仕組みが終了するまで、ずっと続きました。

この間、国民は「貯蓄する」以外のことを考える必要がありませんでした。

政府も国民の「貯蓄」を奨励していました。

世界から見ればやや特殊ながら、国を挙げたこの経済システムが長年にわたって機能していたのです。

だから、日本人は運用や投資とは無縁の存在でいられたのです。

しかし、何度も強調するように、時代は大きく変わりました。

いつまでも金融リテラシーがないままで、安心して暮らしていける社会ではありません。金融リテラシーは全日本人にとって必須の能力・スキルになっている。そのことを忘れてはいけません。

国も金融教育の必要性を認識しています。

2002年、金融庁は文部科学省に対して、学校教育での金融教育の推進を求める要請文を出しました。

2005年には、金融広報中央委員会が「金融教育元年」と位置付け、金融教育の推進に向けた取り組みを始めました。

まだ歴史が浅いために目に見えるような効果は出ていませんが、政府が掲げている「貯蓄から投資へ」を単なるスローガンに終わらせないよう、国を挙げて具体的に取り組みを進める段階に入っています。

今世紀に入ってさまざまな場面で社会的な格差が生じましたが、これからはうまく資産運用ができる人、できない人。この両者の格差はより大きなものになっていくに違いありません。

# 第1章のポイント

現在65歳の高齢者でも、年金だけでは生活ができず、毎月約5万円を貯金などから取り崩している。長生きすればするほど、取り崩す額は増えていく。

人口減少と高齢化が同時進行する中で、年金制度は岐路に立たされている。将来的には支給開始年齢の引き上げ、支給金額の減額などが起こる可能性も。

若い世代ほど、社会保障の負担が大きい。

「日本型雇用」システムが崩壊し、会社も頼りにならなくなっている中で、自助の精神で生きる姿勢が大切になってくる。

将来の生活基盤の形成に向けて、マネープランの立案から始めよう。それぞれのライフイベントで自分や家族はいくら費用が必要になるのかをシミュレーションし、その額をどのように用立てるかを考える。

将来に備えて、金銭感覚を変える必要がある。貯金をしていれば安心という時代ではない。お金の運用も考えるべき。

日本人は欧米に比べ金融リテラシーが低い。1人ひとりが金融知識を身に付けるべき。

# 第2章

# マンション経営で人生を豊かに

国債、株式投資、投資信託、外貨預金、FX取引――。お金の運用法はいろいろありますが「将来の生活資金を安定的に得る」ことを目的とするなら、マンション経営が最適です。世間では危ない投資、というイメージもありますが、実はとても健全な運用法であり、事業なのです。この章ではマンション経営の特徴をご紹介します。

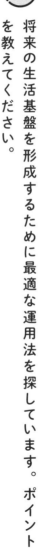

# リスクよりも確実性を取ろう
# 将来の生活基盤をつくる4条件

**Q** **将来の生活基盤を形成するために最適な運用法を探しています。ポイントを教えてください。**

**A** 資産運用を行う際には、いくつか大切なポイントがあります。
優先度が高い順から列挙しましょう。

**①リスクを小さく、リターンを確実に**

お金の運用の考え方はとてもシンプルです。
資産をできるだけ高い利率で運用する。
これを実現できれば確実にリターンは大きくなります。
では高利率の金融商品を買えば、誰もがお金持ちになれるのかというと、そうではありません。

金融商品には、必ずリスクがつきものだからです。

リスクとリターンを見極めて、適切な運用先を決めていく。

要は目的意識をどこに置くか、です。


例えばＦＸや先物商品などの投機性が高い商品は、リターンは高いものの、リスクも同じように高い、「ハイリスクハイリターン」という特徴があります。

株式投資においても、上昇率、下落率がともに大きい、値動きが激しい株式に手持ち資金の全てを投資してみる、という人もいるでしょう。

うまくいけば大儲けして、大金持ちになれます。

でも、読みが外れれば、逆に大きな損失を抱え込まなければいけません。

倒産してしまえば紙くずです。

リスクを取るか、確実性を取るか、ということですが、今、問われているのは、

「安心できる将来の生活費」

「ゆとりある暮らしを送るための生活資金」

ですから、答えはすでに出ています。

確実性こそが大事です。

危険を冒すことはできません。ハイリターンをうたう商品は避けた方がよいでしょう。

かといって、銀行預金のように、金利が0・001％程度では話になりません。

そこで大事なことは、

「リスクを小さく、リターンを確実に」

確実にかつ適切な金利で、継続的にお金が得られるものへ運用する、ということになります。

## ②長期間の安定運用

リスクは極力ゼロに近づけて、リターンを確実なものにしていく。

こうした方針に立てば、具体的な運用先もイメージできます。

最も望ましいのは、適正の利回りが長期間、安定的に持続する。そんな運用であることでしょう。

目先の利益にとらわれずに、長期間のスパンで運用を考える。この姿勢が大切になってきます。

### ③毎月、収入が得られる

私たちの生活は月単位に営まれています。

そのため事業収入は、毎月の月単位であることも大切です。

### ④手持ち資金が少なくても始められる

金融庁の報告書では、夫65歳以上、妻60歳以上で無職の夫婦をモデルケースに、公的年金以外に、年間60万円余り（毎月5・5万円）の生活費が必要になると試算していました。

では、年間60万円の収入を安定的に得ようと思えば、どれだけの運用資金が必要になるでしょうか。

年3％で運用する金融商品で考えてみると、なんと2000万円が必要になります。

それだけの資金があって、初めて60万円という収入が持続的に得られるのです。

では、手持ち資金がない場合はどうすればいいでしょうか。

金融機関から融資を引いてくるという方法もあるでしょうが、

「株を購入したいので、２０００万円を貸してください」

と申し込んでも、絶対に断られます。

どんなに業績の良い会社の株式であっても、認めてくれるはずがありません。

では、まったく方法がないのかというと、今挙げた４つの要素、全てがかなう運用法があるのです。

# 手持ち資金が少なくてもマンションのオーナーになれる

Q マンション経営に興味が出てきました。具体的に何をすればいいか教えてください。

A なるべく分かりやすくご説明します。

読者の皆さんも、賃貸のマンションやアパートにお住まいになられている方も多いことと思います。

その際、皆さんは毎月、家賃をお支払いしますね。

そのお金はオーナーさん（＝大家さん）の元に入ります。

つまり、オーナーさんは自分が保有しているマンションやアパート（これを「賃貸住宅」と言います）を入居される方に貸し出して、家賃収入を得ているわけです。

「マンション経営」とは、あなた自身がオーナーさんになって、マンション賃貸事業を営むこと。賃貸物件を購入して、人に貸し出して、家賃収入を得ていきます。

「そんなのムリ。自分がオーナーになれるわけがない」

そう考えている方がほとんどでしょう。

自分の土地にマンションを建設して、賃貸する、という意味であれば、それは簡単なことではありません。

今から始めるとすれば、土地と億単位の建築資金が必要になります。

東京圏で土地を所有していない方であれば、ほとんどの場合、実現できないかもしれません。


でも、オーナーさんになれるのです。

すでに説明しましたね。

「手持ち資金が少なくても始められる」

後に説明するように、すでにその仕組みが確立されています。

有望な物件なら、金融機関も喜んで資金を融資してくれます。

特に、サラリーマンは、マンション経営に必要な融資の審査が通りやすいと言われています。

個人事業主の方などと比べて会社から安定的に給与が入るため、返済が滞りにくいと見なされているためです。

「生活がギリギリなんで、ローンなんて払えません」

という人もいるでしょう。

大丈夫です。ちゃんと入居者がいれば、毎月家賃収入が入ってきます。その家賃を基に返済をしていく、ということです。

やがてはあなたもローンを払い終えます。

そのときにはどうなるでしょう。家賃収入から経費を引いた残りの全てがあなたの利益になるのです。

# 「不動産投資は危ない」その誤解が生まれたワケ

**Q** 「マンション経営」って、つまり「不動産投資」ですよね。危ない投資なのではないかと心配になります……。

**A** 確かに、不動産投資という言葉には、負のイメージがあります。

単純に「儲け話」として考える風潮も残っています。

それに加えて、不動産投資は「危ない投資」「怖い」というイメージも強いですね。

自分のお金をリスクにさらして、一攫千金を狙う。そんなイメージも見え隠れします。

このような風潮やイメージのために、多くの投資家が不動産投資を敬遠している、というのも事実です。

なぜ、こうしたイメージが付いたのでしょうか。

「不動産は株などに比べて投じる金額が大きいので、失敗したときのことを考えると怖い」

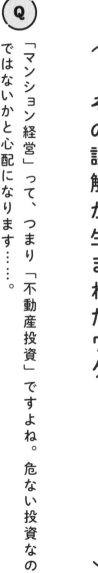

という理由だけではなさそうです。

それこそ多くの日本人が「トラウマ」と感じるような出来事があり、これが不動産に対する日本人のマインドに大きな影響を与えていると私は見ています。

そのトラウマとは何でしょうか。

そのことを説明するために、戦後の不動産投資の歴史を振り返ってみましょう。

日本は戦後、地価が長期間にわたり、右肩上がりに上昇し続けました。

土地や物件を買ったら、その価値はすぐに上昇します。

このときに主流だったのが、キャピタルゲインを目的にした不動産投資でした。

キャピタルゲインとは、基本的には安く買って、高く売ることで得られる利益のことです。

地価が高騰する中で、多くの投資家が目先の売り買いで、簡単に儲けることができたのです。

しかし、地価はいつまでも上がり続けません。

下落したらどうなるでしょう。

高くなることを見越して購入した資産が値下がりすると、当然、売却時には損失が出てしまいます。

いわゆるキャピタルロスです。

これが大規模に発生したときがあります。

バブル経済の崩壊時でした。


バブル崩壊の少し前から詳しく見てみましょう。

時代は１９８０年代後半です。

当時、政府が行った低金利政策が引き金となって、地価がそれまで以上に高騰しました。

当時は、地価は値上がり続けるという「土地神話」が信じられていましたから、金融機関は担保対象の土地や物件を高く評価し、融資し続けます。

一方、企業や投資家はキャピタルゲイン目的で、大量の不動産を購入していきました。

そうした中で、さらに地価は上昇トレンドに入ったのです。

いよいよ実態にまったく合わないレベルにまで地価が上がり続けた１９９０年3月、運命の時を迎えます。

異常なほどの地価高騰に危機感を覚えた政府（旧大蔵省）は、一転して金融引き締め政策を打ち出したのです。

金融機関に「総量規制」を通達し、土地取引のための新規融資を強引にストップさせました。

金融機関からの融資が出なくなった途端、急激な信用収縮が起こりました。

突如として、不動産は売りに転じ、地価も急落したのです。

その結果、銀行には不良債権が多く残りました。

これが重荷となって、日本経済は長い低迷期に入りました。

「失われた20年」の始まりです。

もちろん、苦しんだのは銀行だけではありません。

投資家の苦しみも大きなものがありました。

多くの投資家が、抱えきれないほどの多額の損失をこうむる結果となりました。

バブル経済に浮かれ、不動産への投機に走った人だけが苦しんだのではありません。

不動産投資は当時のトレンドでしたから、素朴に「将来の安心がほしい」と考え、不動産に資産を投じた普通の投資家も多額の損を抱えてしまいました。

このときの経済混乱が多くの人たちの心理に、

「不動産投資は危ない投資」

「怖い」

というイメージを植え付けてしまったのだと私は考えています。

すなわち、「不動産投資＝恐怖」という日本人が持つイメージは、このキャピタルゲイン狙いの不動産投資が起因している、ということです。


しかし、私が皆さんにご提案する「マンション経営」はこれとはまったく異なります。毎月の家賃収入、すなわち物件を保有することで安定した利益を継続的に受け取っていく。そういうインカムゲイン（運用益）を目的にした運用法です。

「一攫千金」よりも「事業を通じて、コツコツと資産を増やしていく」というイメージです。


もちろん、結果的に売却することもありますし、そのこと自体を否定するつもりもありません。ただし、最初から売却を目的に運用することは想定していないということです。

「地価が下がることで、家賃も下がることはないのですか」

という疑問もあるでしょう。

しかし、過去のデータを見ても、家賃の金額にそれほど変化はありません。

現実に30年以上経過しても、家賃が下がらない物件があります。

その条件は後ほど紹介しますが、良い立地を選び、入居者が付きやすい物件を購入し、行き届いた管理を行えば、家賃は下がりづらいのです。

このようにマンションを対象にした、インカムゲイン目的の不動産投資、すなわち「マンション経営」は、「危ない投資」でもなければ「怖い投資」でもありません。

そのことをまずご理解いただきたいと思います。

# マンション経営の収入は不労所得？　勤労所得？

Q なぜ「不動産投資」ではなく、「マンション経営」という言い方をしているのですか？

A キャピタルゲイン狙いの不動産投資は「売却ありき」の投資法です。購入価格から売却価格の差額がプラスなら成功、マイナスなら失敗。それだけの話です。

一方、マンション経営は、長期にわたり高い賃料を得続けることが目標になります。この点がまったく異なります。

つまり、物件を長く保有しながら、入居者、さらには市場から常に支持を受け続けることが第一条件となります。

ギャンブルや賭けとはまったく無縁の世界で、求められるのは、部屋の質の向上を目的とした具体的な対策の実施です。

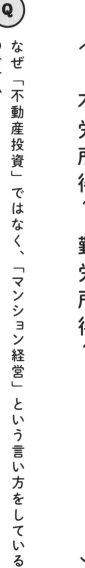

いわば、経営の視点が必要になってくるのです。

実際、マンション経営を行う際には、いろいろな経営判断が必要になります。例えば、どれくらいの利回りの物件を購入すべきか。

利益を最大化するには、どういう方法があるのか。

満室経営を維持するために、日頃の管理は、どうすべきか。

マンション経営に伴うリスクを、いかに回避すればいいのか。

オーナーさんご自身が、対策や研究をしっかり行って、結果を出していくことが求められるのです。

逆に言えば、経営に主体的に関わることができる。

そこにマンション経営の醍醐味もあるでしょう。これは他の投資にはない魅力です。

例えば、株式投資を考えてみてください。

株式購入を通じて、ある企業の株主になったとしても、所詮、株主が関与できることといえば、株主総会での議決権を得ることができるくらい。会社の経営に深くタッチすることなど望めませんよね。

しかし、マンション経営は、パートナーである不動産会社と連携しながら、ご自身が経営に深く関わることができる。

さらに知識を深めて、独自のやり方を確立していくこともできる。そういう可能性がある運用法なのです。

また、経営者として、お金の流れなども見ながら、賃貸事業の業務に携わることで、経営の仕組みを具体的に学べます。より広い視野で仕事を見る目も養われます。

その経験やノウハウを、本業で生かすこともできるでしょう。

世の中にはさまざまな投資・運用法がありますが、そこで得られる利益は、不労所得と言われます。

つまり、働かずとも得られる所得です。

マンション経営はどうでしょうか。

オーナーさんの考え方次第で、勤労所得、不労所得、どちらも選べます。

例えば、オーナーさんご自身が管理業務を担うなど、自ら経営する場合は勤労所得と言えるでしょう。

ただし、購入から管理実務、売却までをワンストップでお任せできる、便利な不動産会社もあります。

実のところ、多くのオーナーさんがマンション経営に関する業務を、そうした不動産会社に委託しています。

それでも家賃はきちんと口座に振り込まれます。

たとえ病気で長期間にわたり入院生活を余儀なくされても、海外旅行に出掛けていても、です。

この場合には、マンション経営で得られる利益は「不労所得」と考えることもできます。しかし、それを実現するために、どのような不動産会社をパートナーにするのか。それ自体も大事な経営判断の１つであることを忘れてはなりません。

いずれにせよ、マンション経営は、自分自身で管理を行うなど、誰の力も借りずに１人で経営することもできますし、パートナーの力を全面的に借りることもできます。

こうした選択肢がある点も、マンション経営の魅力です。

# マンション経営のスタートは30代が有利、50代でも遅くない

Q マンション経営は年配の人が行うイメージがあります。もっと若いうちから始めた方がいいのでしょうか？

A 確かに、マンション経営は退職された年配の方、しかもお金持ちの方が行うイメージがありますよね。

しかし、マンション経営は長期間にわたって取り組む事業です。

その意味では、若い年齢のうちから取り組んだ方が有利です。

実際、30代、40代でマンション経営を行う人も増えています。

なぜ、若いうちから取り組んだ方が有利なのでしょうか。

いくつか理由があります。

特にオーナーさんご自身が主体的に経営を行う場合には、数十年後の家賃動向など、さまざまな情報を収集・分析した上で、然るべき手を打っていく。そんな経営力が求められます。

事業を動かしていく、という経営力は、一般的に年配の方に比べて若い世代の方がありますよね。

さらに、若い方には残された時間がたっぷりある、というのも強みです。

時間を十分にかけて、無理なく経営し、物件を育てていくことができるのです。

時間を味方に付けることで、さまざまなメリットが生まれます。

例えば、年配の方に比べて、長期融資が可能になります。

融資期間が長くなれば、その分だけ返済金額も低く抑えられますから、無理のないキャッシュフローが実現します。

キャッシュフローに余裕ができれば、次の物件を買い増すことも可能になります。

物件数が増えれば、それだけ家賃収入も増えます。

場合によれば、そこから繰り上げ返済して、今度は逆に返済期間を短くして、財務体質の強化を図ることも可能です。

時間的なスパンを長く持つほど、いろいろな対応策が考えられるのです。

さらに、長い時間をかけて知識を獲得し、経験を積み重ねていくことで、経営者としての力量も上がります。

賃貸事業はより安定するでしょう。

例の金融庁の報告書でも、現役時代からしっかり資産運用していくことが重要と提言しています。

若いうちから取り組むことで得られるメリットはたくさんあります。逆に、そのことで生じるデメリットは、ほとんど考えられません。

ただ、若いうちから始めた方が有利とはいえ、いつから始めても遅すぎる、ということはありません。

実際に50代、60代からマンション経営を始められる方も多くいらっしゃいます。

高齢であるから不利というわけではありません。

年齢に左右されることなく、要はいかに優良物件を購入し、その価値を高め、安定的な収益源として育てていくかが重要なのです。

## Q マンション経営はサラリーマンの副業として適していますか？

## A

適しています。これまで副業を禁止していた大企業・中小企業なども、近年は副業解禁の動きが広がっています。

社員の生活に、自助努力を促す流れと考えられます。

それだけに、単に小遣い稼ぎ程度の軽い気持ちで副業を始めるのでなく、真に豊かな人生を築くための副業でありたいものです。

定年後の長い人生を支えるマンションの賃貸事業を副業とすることは、その意味でも理にかなっています。

公務員の場合も、所有する区分が5棟10室未満、賃貸収入が年間500万円未満で、かつ管理会社に管理を委託するなどの条件を満たせば、公務員の「副業禁止規定」違反に当たらず、マンション経営を行うことができます。

# 第２章のポイント

安定した将来の生活基盤の形成に向けて、資産運用するために次の4点が重要になる。
①リスクを小さく、リターンを確実に
②長期間の安定運用
③毎月、収入が得られる
④手持ち資金が少なくても始められる

この4点をかなえる運用法として特に有力なのが、物件を購入して入居者から家賃収入を得る、「マンション経営」である。

マンション経営は、キャピタルゲイン（売却益）ではなく、インカムゲイン（運用益）を目的にした安全性の高い投資法。オーナーさんは自ら賃貸事業を行うこともできるし、信頼できる不動産会社に業務を委託することもできる。

マンション経営は時間を味方にする運用法。若いうちから取り組んだ方が有利であるが、高齢だから不利とは言い切れない。

サラリーマンの副業にも適している。

# 第3章

# マンションの経営のメリットとデメリット

マンション経営は、ハイリターンは望めませんが、安定収入を得るには最適な運用法です。さらに、金融機関からの融資が期待できるなど、多岐にわたる利点があります。第2章ではマンション経営の特徴や魅力を紹介しましたが、この第3章ではさらに1歩踏み込んで、マンション経営ならではのメリット・デメリットを詳しく見ていきます。

# 融資を受ければ小さな自己資金で収益性を高める経営ができる

Q 数ある資産運用法の中で、マンション経営の最大のメリットは何ですか？

A

先にも触れたように、マンション経営は金融機関からの融資が期待できます。これは、少ない自己資金で多額の投資が可能、ということを意味しています。

例えば、今、手元に３０００万円の現金があるとしましょう。

融資を受けずに、３０００万円（利回り10％）の物件を購入したいと考えたとします。しかし、マンション経営を始めるには２７００万円足りません。

仮に年間３００万円貯金できるとしたら、購入までに９年もの時間がかかってしまいます。

しかし、融資を受ければ、直ちに実現できます。

小さい自己資金で投資効果を上げ、より収益性を向上できるのです。

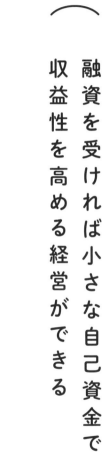

これを「レバレッジ効果」(テコの原理)といいます。

しかも、物件を購入した途端、翌月から毎月、家賃収入が得られます。

その家賃で、金融機関への支払いを行うことができます。

9年後にはどういう結果が生じているでしょう。

融資を受けない場合は、やっとマンション経営を始められるという時期ですが、融資を受けた場合では、すでに金融機関への返済は完了し、その物件は自分の持ち物になっています。

自己資金で物件を購入する人よりも、9年もの時間を効率化できるわけです。

これを元手に新たな物件を購入すれば、さらに資産は大きくなります。


ところで、株式投資やFXなどにおいても、レバレッジ効果を生かした取引(信用取引)が可能です。

読みが当たれば、大きな利益を手にできるでしょう。

ところが、失敗すれば損失額が大きく膨らんでしまいます。

素人が手を出すには、リスクが大きすぎます。

しかし、マンション経営は実物資産です。

金融商品に比べて、価格変動は激しくありません。

また、立地を厳選すれば、空室発生というリスクを極力減らすことができるのです。

場合によっては、物件を売却し、借金の返済に充てることも可能です。

これがマンション経営の大きな強みです。

さらに現在は、まれに見る超低金利時代です。物件購入がぐんと容易になっています。

そうした経済環境から考えても、今は将来の資産づくりに向けて、マンション経営を始めるのに極めて有利な時代といえます。

また、これもすでに紹介したことですが、

「家賃収入でローンを支払うことができる」

のもメリットの1つです。

家賃収入が融資の返済額を上回っていれば、持ち出しはゼロですから、月々のローン返済を心配することはありません。

# 長期安定的に収益を上げる「私設年金」として活用できる

**Q** 毎月お金が入ってくる、という点もメリットの1つでしょうか?

**A** そうですね。入居者がいる限り、毎月、家賃収入が入ってきますので、ローン返済後は「私設年金」としても活用できます。

これもマンション経営のメリットとして外せない点です。

第1章でお話しした通り、これからは国に頼ることができない時代を迎えます。社会保障サービスを受ける高齢者が増える一方で、働き手である生産年齢人口が減少し続けているため、働き手が高齢者を支える、世代間扶助に基づいた年金システムは岐路に立たされているのです。

そこで重要になってくるのが、公的年金以外の収入を確保すること。マンション経営を行えば、公的年金を補いながら、余裕のある生活を実現するための私設年金をつくれるのです。

「資産寿命」という観点で考えると、毎月、事業収入が入ってくるという事実は大きな意味を持ちます。

資産寿命とは、すでに申し上げたように「老後の生活を営んでいくにあたって、これまで形成してきた資産が尽きるまでの期間」を言います。

定期収入がある限り、資産寿命が尽きることはありません。

極端なことを言えば、１００歳まで生きようと、１２０歳まで寿命が延びようと、ずっと安定した暮らしが約束されます。

思い出してみてください。

金融庁の報告書では、高齢夫婦をモデルケースとして、退職後30年間の生活資金を試算しました。

それは、公的年金のほかに、およそ２０００万円が必要になる、というものでした。

この点ばかりにとらわれると、退職前に２０００万円ものお金を必ず用意しておかなければならない、と考える人もいるでしょう。

しかし、退職後にも毎月、家賃収入があれば、特にまとまった額のお金を事前に用意する必要はありません。

日本人はとても心配性です。

いくら適切なマネープランを立てても、毎月貯金を切り崩す生活を続けていたら、「いつか底をついてしまうのでは」と恐怖心にとらわれ、出費を必要以上に抑えようとする心理が働きます。

お金があっても、使えない。

そんな結果を招くことになりかねません。

こればかりは精神的な問題なので、貯蓄額の多さ、少なさは関係ありません。

さらに、年を取るにつれて、人はどうしても弱気になってしまうものです。

お金が大事だからこそ、それを使うことに不安や恐怖を感じてしまうのです。

そして、必要な生活費さえ切り詰めるような結果を招いてしまいます。

これでは常に精神的にも安心できません。

こうした心理状況に陥らないためにも、必要になってくるのが、定期的に入ってくる事業収入です。

もう1つ新しい蛇口をつくる、といったら分かりやすいでしょうか。

蛇口からいつも水が入ってくる限り、水槽の水は尽きることはありません。来月も再来月も収入が入ってくる。だから、安心してお金を使えるのです。

毎月の家賃収入が、将来の安心をつくるのです。

ここで改めて強調しておきます。

マンション経営は、株式投資やＦＸのように短期間で大きな収益を生むことはできません。

「うまい話」でも「儲かる話」でもありません。

しかし、長期安定的に収益を上げることは得意です。

リスクはあっても、安定的に見込める収入源ができ、ローン完済後はそのまま私設年金になります。

これほど手堅く、オーナーさんに「安心」をもたらす運用法は、ほかに考えられません。

それが私の結論です。

この視点も、「人生100年時代」を生きるにあたって大事なことだと思います。

Q

## マンション経営のメリットはほかにもありますか？

A

今説明したものが、マンション経営の主なメリットですが、これ以外では、

「生命保険代わりになる」

「必要経費が認められる」

「相続対策になる」

の3つが挙げられます。

1つずつご紹介しましょう。

### ①生命保険代わりになる

物件を購入する際、金融機関から融資を受けた場合に、オーナーさんは「団体信用生命保険」に加入することができます。

加入すれば、ローンを組んだ人が仮に亡くなった場合でも、借入金の残りに相当するお

金は、保険会社によって支払われることになります。

しかも、無借金になった物件も、その物件が生み出す毎月の家賃収入も、そのまま遺族が継承できます。

団体信用生命保険の基本的な保障内容は、死亡・高度障害ですが、これに「特約」を追加することで、保障内容をさらに広げることも可能です。

特約には、「がん保障特約」「３大疾病特約」「８大疾病特約」があります。

「がん保障特約」とは、所定のがんにかかった際に、保険金が支払われる特約です。

「３大疾病特約」とは、がん、急性心筋梗塞、脳卒中（３大疾病）になった場合に、保険金が支払われる特約です。

「８大疾病特約」とは、３大疾病に加えて高血圧症、糖尿病、慢性腎不全、肝硬変、慢性すい炎（５大疾病）を含んだ特約で、生活習慣病もカバーできる点に特徴があります。

### ②必要経費として認められる

家賃収入は不動産所得になるため、確定申告をすることになります。

その際、購入に要した諸費用や減価償却費などが必要経費として計上できます。

これを家賃収入から差し引くと、その年間収支は多くの場合、税務計算上の数字では赤字となります。

そのため給与所得から赤字分が差し引かれ、所得税が還付され、かつ住民税が軽減されます。

### ③相続対策になる

マンション経営は、相続税対策としても活用できます。

現金や証券などの金融資産と異なり、マンション経営用の不動産物件は低い評価額で計算されるからです。

２０１５年の税制改正で相続税の基礎控除額が引き下げられたために、相続税の課税対象者が大幅に増えたために、関心をお持ちの方もいらっしゃるでしょう。

具体的に見てみましょう。

現金や金融資産が相続財産となる場合、額面通りの評価（１００％）を受けることになります。

ところが、マンションの場合、その評価額は60％程度に圧縮されます。

さらに、その物件で賃貸経営を行っていれば、さまざまな控除が適用されて、さらに評価額を40％程度まで引き下げることができます。

# 売りやすい物件を購入し流動性リスクに対処する

Q 逆に、マンション経営のデメリットはありますか？

A 一般的に、不動産物件は、換金しにくいと言われています。急にお金が必要になっても、即座に売却するのが難しいということです。これを「流動性リスク」といいます。株式投資やＦＸなどは、利益が出るかどうかは別にして、売りたいときにすぐ売ることができます。

なぜかというと、専門の取引市場が設けられているからです。

しかし、不動産には取引市場がありません。相対取引が基本です。買い手と売り手の双方が存在していなければ、取引自体が成立しません。

実際、購入者を見つけるまでに数カ月、さらに契約から決済に至るまで数カ月かかる、というのが一般的なところでしょうか。

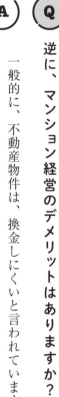

近年は、中古マンションにおいて融資がつきやすくなったこともあり、以前よりは流動性が高くなっていることも事実ですが、いずれにせよ、すぐにでも現金化したいのに、それができない、というジレンマが生じる場合があることは頭に入れておいた方が良いでしょう。

しかし、同じ不動産物件の中でも、換金しやすい物件、換金しにくい物件が存在することも事実です。

流動性リスクに対処するためにも、いざというときに売りやすい物件を購入しておくことが重要になるでしょう。

売りやすい物件とは何かというと、人から見て「買いたい」と思われるような、魅力がある物件です。

その意味でも、重要なキーワードとして挙げられるのが、「新築」「コンパクトマンション」「東京圏」の3つです。

次の第4章でそのポイントを詳しく紹介しますので、ぜひご一読ください。

流動性リスク以外にも、「空室リスク」「家賃下落リスク」「家賃滞納リスク」「災害リスク」「金利上昇リスク」「稼働率0％リスク」「不動産会社の倒産リスク」などが生じますが、いずれも第5章を中心にリスク対処法を詳しく紹介しています。

適切な手を打てばリスクヘッジは十分可能です。

# 第3章のポイント

マンション経営のメリットの1つは、金融機関の融資により、「レバレッジ効果が期待できる」こと。毎月の家賃収入を、金融機関への返済に充てることもできる。

安定した私設年金として活用できるのも大きな利点。毎月の家賃収入が持続的に入ってくれれば「資産寿命」が尽きることはない。オーナーさんにとっても安心感が大きい。

物件を購入するにあたって、金融機関から融資を受けた場合に、団体信用生命保険に加入できる。万一死亡した場合にも、借入金の残りは、保険会社によって支払われる。しかも、毎月の家賃収入は遺族がそのまま継承できる。

2015年の税制改正で、相続税の課税対象者が大幅に増加。「相続対策」としての活用も大きな魅力。

マンション経営は、一般的に換金がしにくい（売却したいときに売却できない）「流動性リスク」があるが、換金しやすい物件も存在する。流動性リスクに対応するためにも、人が買いたいと思うような物件を購入する。

# 第4章

# キーワードは「新築」「コンパクトマンション」「東京圏」

一言でマンションといっても、築年数（「新築」か「中古」か）、部屋の構造（「コンパクトマンション」か「ファミリータイプ」か）、物件のエリア（「大都市」か「地方」か）などで、いくつかのタイプに分類することができます。中でも長期、安定的な資産形成として適しているのが、「新築」「コンパクトマンション」「東京圏」の物件です。この第4章ではさまざまなデータを基に、その根拠を詳しく紹介していきます。

# 「中古」との比較で見えてくる「新築」マンションの強み

**Q** **マンション経営は「新築」「コンパクトマンション」「東京圏」がキーワードということですね。まず「新築」が狙い目とする理由は？**

**A** マンション経営は、長期、安定的に収益を上げられるところに特長があります。

つまり、長く保有することが前提になります。

この考えに照らせば、「新築」というキーワードを外して考えることはできません。

これは、新築でない物件、すなわち「中古」物件との対比で考えれば、容易に理解していただけると思います。

ポイントは次の４点です。

**①修繕費（リフォーム代）が安い**

新築の場合は、あらゆる住宅設備機器は新しい状態です。

一般的には15年前後で交換時期を迎えますので、当初は修繕費があまりかかりません。

一方、中古は物件のリフォームや機器交換の必要も出てくるなど、新築に比べ、多くの修繕費を要します。

大規模修繕を控えていれば、追加徴収の可能性も出てきます。

中古マンションのメリットとして、

「利回りの高さ」

が強調される傾向がありますが、表面利回りだけに着目してはいけません。

実際には修繕費が大きくかさむ場合もあるので、注意が必要でしょう。

中古マンションの場合、相当の目利き力を持ったプロでないと、優良物件の見極めは難しいものなのです。

**②長期の融資が受けられる**

金融機関の融資という点でも、新築の方が有利です。

金融機関の融資を利用する場合、2つの点が重視されます。

物件の構造と、築年数です。

それぞれの物件には、税務上における減価償却の元となる耐用年数が定められています。

融資はこの耐用年数の残存期間の中でしか考慮されないケースが多いと言われていま す。

必ずしも、法定耐用年数が建物の寿命を表すわけではないとはいえ、「融資期間は耐用年数から経過年数を引いた期間」としている金融機関がほとんどなのです。

ちなみに、マンション（RC造）の耐用年数は47年間。新築なら保有期間を通じて、減価償却が可能です。

長期の融資を受けることができますし、その分、ひと月当たりの返済額を抑えることもできます。

一方、築古の中古マンションでは、長期保有をしようと考えても、期間中に減価償却が終了してしまう場合もあるでしょう。

融資期間も短くなりますから、返済額も大きくなり、キャッシュフローが悪化してしまいます。

両者の差は歴然です。

**③人気が高い**

入居者からの好感度という点でも、新築マンションの方が圧倒的に高いです。

建築直後のきれいなマンションというのは、それだけで入居者の支持が高まります。

さらに、新築マンションの場合、最新ニーズに基づいた間取りや仕様を取り入れやすいのも強みです。

中古だと、トイレや洗面台と浴室が一緒になった3点ユニットが珍しくありませんが、今は人気がありません。

今の入居者はバス・トイレ別のタイプでないと、入居を嫌がります。

ほかにも中古には、

・室内洗濯機置き場がない
・床が畳である（フローリングではない）

といった物件が少なくありませんが、これもマイナス要因です。

何らかの対策が必要ですが、フルリノベーションを行わない限り、改善は難しいでしょう。

さらに、

・独立洗面台
・浴室換気乾燥機
・インターネット完備（無料）
・宅配ボックス
・ホームセキュリティ
・TVモニター付きインターフォン
・スマートキー（鍵を差し込まず施錠や解錠ができる電子キー）
・AI、IoT対応

など、入居者からの人気が高い、新しいトレンドの設備を導入できるのも、新築マンションならではです。

# 「ファミリータイプ」よりも「コンパクトマンション」が優位

**Q** 「コンパクトマンション」が狙い目な理由とは？

**A** ファミリータイプのマンションに比べて、ワンルームや1Kを主体としたコンパクトマンションが優れている点も多数あります。

その点を1つずつご紹介しますね。

**①修繕費（リフォーム代）が安い**

ファミリータイプの場合、部屋数も多く入居者のニーズも多様なため、設備の取り換えも多くなりがちです。

また、小さなお子さんが暮らす場合も多く、室内の損傷が大きいケースもよく見受けられますので、なおさら修繕費用は高くなります。

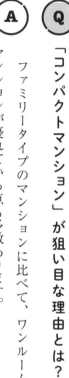

しかし、コンパクトマンションは部屋の構造がファミリータイプに比べてシンプルです。人気の最新設備を導入したとしても、ファミリータイプと比較して導入費用を抑えることができますし、入居者の入れ替えにあたって実施するリフォームの出費も、安く抑えることができます。

床面積も文字通りコンパクトなため、当然、貼り替えが必要な壁紙なども少なくて済むでしょう。

## ②入居者が決まりやすい

コンパクトマンションは基本的には1人で住むマンションですから、入居希望者本人が気に入れば、入居はすぐに決まります。

これに対してファミリーマンションの場合、家族全員が納得しないと入居決定には至りません。

日当たりや隣人（環境）など、考慮すべき条件はさまざまです。

特に一家の大黒柱である旦那さんを主体に考えたときに、入居を決定する際に重要な役割を果たすのが奥さまです。

キッチンの使い勝手や間取り、セキュリティ面など、いろいろなポイントをクリアしなければいけません。

### ③将来にわたり需要が高い

日本は今後も単身世帯の増加が見込まれています。

そのため、単独で住むコンパクトマンションの需要は高水準のままで推移すると予測されています。

ファミリータイプのマンションに比べて、空室リスクも発生しにくく、物件の資産価値も高い水準で維持されると考えられます。

### ④換金性が高い

マンション経営は長期間にわたって、安定的に家賃を得る、インカムゲインに適した投資法です。

とはいえ、人生、何が起こるか分かりません。急にお金が必要になるときもあるでしょう。

インカムゲインを重視しながらも、売りたいときに売れる物件であれば、オーナーさんの安心も高まります。

不動産物件に限らず、流動性を確保するには、購買する人が多い層の商品を手に入れる必要があります。

コンパクトマンションはファミリータイプに比べて、比較的手頃な価格帯で売買されます。つまり、価格的にも多くの人が購入しやすい物件であると言えます。

その点から考えても、コンパクトマンションはより換金性が高いといえるでしょう。

## ⑤分散投資がしやすい

購入価格が比較的手頃であれば、オーナーさんにとっても、複数の物件を買いやすいことでしょう。

つまり、分散投資がしやすい、ということです。

これはリスク分散の意味でも、重要な意味を持ちます。

有名な投資の格言に、

「卵は1つのバスケットに盛るな」

という文句があるのをご存じでしょうか。

全ての卵を1つのバスケットに入れてしまえば、そのバスケットを落としてしまった場合、中に入っている卵が全て割れてしまうこともあります。

一方、複数のバスケットに1個ずつ卵を分けて入れると、たとえ1つのバスケットを落としても、卵の被害は1個で済みます。

リスク分散が必要になるのです。

このことをマンション経営に当てはめて考えてみましょう。

1棟アパート、1棟マンションのように集中投資をしてしまうと、周辺環境の変化、例えば大学のキャンパス移転や工場閉鎖などに伴って、賃貸需要が冷え込んだときに、空室が一気に増えてしまう危険性が高まります。

しかし、複数のワンルームマンションを別々に所有していれば、このような空室リスクは避けられます。

特に、日本は地震をはじめとした自然災害が多い国です。

できるだけリスクを減らしたいと考えるならば、同じ東京都内でも、複数のエリアに物件を購入することを選択肢に入れるべきでしょう。

また、分散投資は相続対策としても有効です。

仮に1億円を使ってアパート1棟を購入するよりも、コンパクトマンションを何部屋か所有すると、資産を分割することができるので、相続が発生した場合にも、争い事の軽減につながることが期待されます。

# 各種データから読み解く
# 地方よりも東京圏を選ぶ理由

**Q**

**「東京圏」の賃貸需要が将来にわたって安定している理由は？**

**A**

マンション経営を行うにあたって、いかに東京圏はポテンシャルが高いかを、さまざまなデータを基に確認していきましょう。東京圏こそ、長期の安定運用に適したエリアであることが見えてくるでしょう。

**①人口増加数が全国1位**

総務省が発表した、住民基本台帳に基づく2020年1月1日時点の人口動態調査によると、前年より日本人人口が増えたのは、東京都、神奈川県、沖縄県の3都県だけです。中でも東京都は6万8547人の増加で、増加率は0・52％とダントツでトップでした。

また、総務省統計局が発表した、住民基本台帳に基づく2019年の人口移動報告によると、転入者が転出者を上回る転入超過となっているのは東京都、神奈川県、埼玉県、千葉県、大阪府、福岡県、滋賀県および沖縄県の8都府県のみ。この中に、東京圏の都県（東京都・神奈川県・埼玉県・千葉県）は全て入っています。

ちなみに、東京圏は14万8783人の転入超過。前年に比べて8915人も拡大しています。

また、東京圏の年齢5歳階級別転入超過数を多い順から見てみましょう。

「20～24歳」（7万9964人）
「25～29歳」（2万8084人）
「15～19歳」（2万4485人）

となっており、「15～29歳」の3区分で、13万2533人の転入超過となっています。

このように、コンパクトマンションへ入居することが多い若年世代が毎年のように進学や就職のため、大量に流入してくる実態を見ても、東京圏のコンパクトマンションの賃貸需要は、今後も高い水準で維持されていくと見込まれます。

ちなみに、新型コロナウイルス感染症の感染防止の側面から、テレワークを導入する企業が増えたことに伴い、地方への転居を希望する人が増えているという報道もありますが、東京圏から地方への人の移動が増えているといった傾向は見られません。

確かに、一時的に東京都からの転出者が増えてはいるものの、大半は東京圏内での移動です。コロナ禍で経済的に行き詰まった人が実家に戻ったことなどが主な原因と考えられています。

## ②「単身者世帯」は今後も増加し続ける

現時点では東京都は転入超過が拡大していますが、東京都総務局統計部が2015年の国勢調査を基に予測した「東京都区市町村別人口の予測」によると、2025年の1398万人でピークを迎えた後、減少に向かうと予測されています。

ただ、減少のスピードはほかの地域と比べるとはるかに緩やかで、2040年時点でも1346万人を維持すると予測されています。

また、たとえ人口減少が進んだとしても、ワンルームマンションの賃貸需要の低下を心配する状況が訪れることは、現時点では考えられません。

実際、東京都が発表した「東京都世帯数の予測」（2019年3月）によると、こうしたワンルームマンションの代表的な入居者となる「単身者世帯」は、2000年は

219・4万世帯、2005年は244・4万世帯、2010年は292・2万世帯、2015年は316・5万世帯と増加傾向で推移してきました。この後も、
2020年は339・0万世帯
2025年は351・4万世帯
2030年は358・6万世帯
2035年は364・8万世帯
2040年は369・7万世帯
と、一貫して増加し続けることが見込まれています。

### ③大学も東京に集中

東京には高等教育機関が集積しています。これも、東京が将来にわたって賃貸需要が高水準で安定する理由の1つです。

地方から移り住む学生たちのほとんどは、賃貸住宅に入居します。

さらに、その多くは大学卒業後も東京で就職しますから、大学が数多く立地している東京は、それだけ賃貸需要が旺盛であるということを意味します。

それでは、東京にはどれだけの大学が集積しているのか、地方から若者を引き寄せているのかを、文部科学省発表の「学校基本調査」（2020年度）を基に見てみましょう。

日本には2020年度現在、795の大学がありますが、東京には143大学が集積しています。これは日本全体の約18％のシェアです。

東京圏に範囲を広げると、大学の数は229大学で全体の約29％に及びます。

大学の都道府県別学部学生数を見ると、より東京圏一極集中が際立っていることが分かります。

日本全体の大学の学部学生数は262万3900人ですが、東京にある大学の学部学生数は67万3938人、約25・7％のシェアです。

東京圏に範囲を広げれば106万5416人で、全体の40・6％に及びます。

東京および東京圏には、大学が集中していることに加え、大規模大学が多いことが見て取れます。

また、都市部に人口や産業が集中することを防ぐ「工業（場）等制限法」が2002年に廃止されたことを受け、近年は、大学キャンパスの都心回帰の傾向が一段と強まっています。

ワンルームマンションの入居候補となる単身者（学生）が、従来以上に東京都心で増加する可能性が高いことを表しています。

## ④外国人留学生の増加

グローバル化を背景に、外国人留学生の数が飛躍的に増えています。

独立行政法人日本学生支援機構の「２０１９年度外国人留学生在籍状況調査結果」によると、２０１９年5月1日現在の留学生数（高等教育機関＋日本語教育機関における総数）は31万２２１４人で、前年比で1万３２３４人の増加でした。

このうち最も多くの留学生が在籍しているのは東京都で11万６０９４人、約37・１％を占めます。

また、神奈川県、埼玉県、千葉県を含めた東京圏の留学生の数は15万２１０１人で、日本の留学生全体の約48・７％です。

なお、留学生宿舎の状況を見ると、全国の留学生全体の77・８％の24万２７７１人は、「民間宿舎・アパート」を利用していることが分かります。

外国人留学生の増加は、東京の賃貸需要を大いに押し上げているわけです。

また、増えているのは留学生だけではありません。

在住外国人全体も、急激に増加していることが分かります。

東京都総務局発表の「外国人人口」によると、2020年1月1日現在の在住外国人人口は57万7329人。20年前（2000年）の28万6648人に比べておよそ30万人も増えています。

また、法務省「在留外国人統計」の在住外国人数の都道府県別割合を見ても、2019年12月現在の東京都は59万3458人で、全体（293万1137人）の約20・2％です。東京圏では119万2246人で、全体の約40・6％です。

## ⑤労働者・職場も東京に集中

2019年に国土交通省国土政策局がまとめた「企業等の東京一極集中の現状」によると、企業の東京圏集中の進展具合がよく分かります。若者にとって魅力的な業種が多く集積しているのも東京圏の魅力の1つ。その要点をまとめてみましょう。

・上場企業の本社所在地——東京都が50・62％（2015年）

・資本金10億円以上の大企業数の地域別シェア——東京圏のシェアは59・3％（2016年）

・従業員数１０００人以上の事業者数――東京都が日本全体の52・１％、東京圏が61・９％（２０１６年）
・従業員数１０００人以上の事業所の産業別シェア（２０１６年）
情報通信――東京都が72・５％、東京圏が79・６％
金融・保険業――東京都が56・４％、東京圏が60・０％
不動産――東京都が61・５％、東京圏が70・１％
専門・学術研究等――東京都が65・２％、東京圏が73・９％
教育・医療等――東京都が58・５％、東京圏が66・９％

さらに、経済の東京圏への集中も進んでおり、東京都のＧＤＰが日本全体のＧＤＰに占める割合は19・６％、東京圏では30・３％に及びます。

## ⑥コロナ禍でも成長

新型コロナウイルスの感染拡大が不動産市場にどのような影響を与えているのか、関心をお持ちの方も多いでしょう。

折からの景気減速に加えて、多くの企業でリモートワークが導入されたことで、オフィス需要が減退するとも言われました。

また、これに伴い、不動産市況全体は悪化していくという報道もなされました。

しかし、現実はこうした報道とは真逆のようです。

総合不動産サービス大手ジョーンズラングラサール（JLL）の調査によると、新型コロナウイルス感染症が蔓延した2020年1〜9月期の東京の商業用不動産投資額が194億ドル（約2兆円）と世界で1位となりました。前年同期は4位でしたから、大きな躍進です。

産経新聞は、その背景として、「安定的に稼働している物流施設や賃貸マンションに海外の投資マネーが流入している」とも報じていますが、いずれにしても、東京の不動産市況はコロナ禍においても成長し続けていることは確実なようです。

## ⑦さまざまな世界のランキングで上位を記録

世界の主要都市圏の人口ランキングで、東京圏は多岐にわたって世界1位を誇っています。

国連が発表した世界の都市圏における人口のデータによると、２０１８年の東京圏の人口は約３７００万人。世界の都市圏の中で最も人口が多いということです。

ほかにも、東京圏は世界中のランキング等で高く評価を受けています。代表的なものを挙げてみます。

・英国の『エコノミスト』誌による「世界安全な都市ランキング50」（２０１９年）東京が1位

・米金融専門誌『Ｇｌｏｂａｌ Ｆｉｎａｎｃｅ（グローバル・ファイナンス）』による「最も世界で住みやすい都市ランキング」で東京が1位

・経営コンサルティング会社Ａ．Ｔ．カーニーによる「２０２０年グローバル都市調査」で、東京は4位。

・東京におけるミシュランの星付きレストランの数で世界トップ。
（２０２０年は、東京は星付き店２２６軒で世界トップ）

東京はいかにポテンシャルが高い都市であるかを、具体的な数字やデータを基に見てきました。

東京は長期・安定運用のマンション経営を行うにあたって、最も安心できるエリアと言えるでしょう。

# 第4章のポイント

- 新築マンションは中古に比べて、品質や性能面で安心できるだけでなく、修繕費も少なくて済む利点がある。

- 耐用年数が47年と長いため、長期にわたる融資を受けることができ、その分、ひと月当たりの返済額を抑えることも可能。

- コンパクトマンションは部屋の構造がシンプルなため、入居者の退去後に行うリフォーム代が安価で済むのもメリット。

- コンパクトマンションは、ファミリータイプに比べて入居者も決まりやすい。また分散投資がしやすいため、各種リスクの軽減につながる。

- エリアに関しては、日本全国を見渡しても東京圏が圧倒的に優位。教育機関や職場も東京圏に集中しており、国際的な各種ランキングでも上位に位置している。

- 特に東京圏はコンパクトマンションに居住する「単身者世帯」が今後も増え続けることが予測されているのが一番の強み。

# 第5章

# 物件を見るポイントとリスク対処法

「マンション経営」は物件の購入から始まります。購入物件の選択を間違えれば、その後の賃貸事業の成功などおぼつかないでしょう。その意味でも、物件選択は、マンション経営の根幹ともいうべき、大事なポイントです。この第5章では、マンション経営を成功に導く物件の見方や注意点、さらには、マンション経営にかかわる各種リスクとその対処法を紹介します。

# 物件探しのポイントは「立地」入居者予備軍が多い地域を選ぶ

**Q** 物件を見るポイントとして最も大事な要素は何ですか？

**A**

最大のポイントは「立地」です。

もし賃貸物件の供給量に対して、入居者予備軍の数が多ければ、部屋が埋まる確率は高まります。

一時的に空室は生じても、立地が良ければ将来にわたって安定的に家賃収入がオーナーさんに入ってきます。

逆に入居者予備軍の数が少なければ、「空室リスク」は高まります。

このように、マンション経営の成否はその立地の賃貸需要にかかっている、といえるわけです。

今後はより一層、立地選択の重要性が増してきます。

日本はすでに人口減少社会に突入していますが、今後はさらにその傾向を強めていくからです。

日本の人口は、2008年をピークに減少を始めました。2050年には1億人を割り込むと予測されています。

加えて、2040年には全国896もの市区町村が消滅するとの予測もあります。

実際、2010年時点の人口を、2040年でも同様に維持しようとすれば、直ちに2・8〜2・9の合計特殊出生率が必要になるとの試算もあります。現実的には、ほぼ不可能な数値といっていいでしょう。

つまり、当分、人口減少の波は止められないということです。

ただし、日本全体が同じように人口減少に見舞われるわけではありません。

まちのにぎわいや活力、そして高い賃貸需要を維持し続ける地域もあります。

それが、第4章で紹介した東京圏（東京都・神奈川県・埼玉県・千葉県）です。

今後の日本は、人口減少が続く中で、地方部から東京圏への流入がより顕著になると言われています。

つまり、地方部はますます過疎化していく一方で、東京圏はより過密化するというわけです。

エリアの取捨選択が重要になってくる背景には、こうした人口移動の現実があるのです。

国はこうした地域間格差を是正しようと、政府機関や企業本社の地方移転の推進を打ち出していますが、なかなか進んでいません。それどころか、東京への転入超過はむしろ拡大しています。

政府の思う通りにことが進んでいないのは確かです。

第4章で東京圏の賃貸需要の高さを、さまざまなデータでご紹介しました。

こうした都市の過密化は、日本だけに見られる現象ではありません。

むしろ世界のどこでも見られるグローバルな現象なのです。

世界の都市部の人口は１９５０年時点で約７億５１００万人、世界の総人口の30％に満たないものでした。

しかし、国連が公表した報告書によると、２０１８年時点の都市部の人口は、世界の総人口の55％、42億人にまで増加しています。

この勢いは今後も続きます。

2050年には世界の総人口の68％が都市部で暮らすことになると予測されています。もはや、地方から大都市への人口移動は世界中で起こっていることなのです。歴史的な必然ともいえるでしょう。

この原則に逆らったマンション経営を行っても、良い結果が出るはずはありません。中には、マンション経営は「利回り」こそが大事だ、と考える人もいます。

もちろん利回りは大事な要素ですが、そればかりに目が行って、賃貸需要をおろそかに考えていては後で痛い目を見ます。

実のところ、目先の利回りが高い物件は、将来の賃貸需要が低下しがちな地方部に多く立地していますから、なおさら注意が必要です。

長期間にわたって部屋の稼働率を高く維持し続けるためには、まずは、人口が多く、賃貸需要が安定した立地の物件を持つこと。

これが決定的に重要になってくるということを、改めて認識していただきたいと思います。

特に、コンパクトマンションで収入を得ていくことを突き詰めれば、単身者数が多い東京圏を選ぶことが最大の条件となってきます。

# 管理の良し悪しで物件の価値に大きな差が生じる

**Q**

「マンションは管理を買え」とも言われます。管理状況も物件を選ぶ際には重要ですよね？

**A**

長期で安定的に運用するためにも管理業務は大切です。

一般に管理業務は２つに分けることができます。

１つは「賃貸管理」業務です。

入居者の募集、部屋ごとの家賃の徴収、滞納時の催促、入居者のクレーム対応、退去時の立ち会いやクリーニングなどの業務を扱います。

中には、物件内で事件を起こしたり、家賃を滞納したりする入居者もいます。充実した賃貸管理は、そうした入居者に起因するリスクの軽減にもつながります。

また、入居者からのクレームや要望に対しては、即座に対応することが重要です。

入居者への充実したサービスの一環として、24時間365日のサポート体制を敷く賃貸管理会社もあります。

こうした体制を整えている物件であれば、より信頼が置けるでしょう。

もう1つは「建物管理」業務です。

定期的な清掃はもとより、給排水設備、照明器具、エレベーター、消防設備など、共用部分の設備の保守点検、長期修繕計画の策定、修繕工事の実施などを担います。

たとえ築年数が古くても、美観が保たれ、設備の管理が行き届いていれば、建物の資産価値が維持されるので、売却価格の下落を抑えることにもつながります。

結果として、その建物は長期的に優良な資産となるのです。

一方で、賃貸・建物双方の管理が不十分な物件も少なくありませんが、そうした物件は年数が経つごとに人気が落ちていきます。

# 地震などの自然災害に強い点もマンション経営の魅力

**Q** 日本は地震が多い国です。耐震性も物件選びの重要な要素になりませんか？

**A** 不動産経営には、マンション、アパート、一戸建てがありますが、最も自然災害に強い物件はマンションです。

一般的に、木造よりは鉄筋コンクリート造（ＲＣ造）や鉄骨鉄筋コンクリート造（ＳＲＣ造）の方が、強度が高く、地震にも強いと言われます。

また、マンションは地中深くの硬い地盤まで杭を打ち、より耐震性を高めています。

このように耐震性という観点から見ても、マンションは魅力的だということができます。

また、ワンルームマンションはファミリーマンションに比べて梁や柱が多いため、さらに地震に強い構造になっています。

# リスクの内容が分かれば多くの場合、適切に対応できる

**Q** マンション経営を行う上で、各種リスクにどう対応すべきでしょうか？

**A** マンション経営にもリスクはあります。
とはいえ、リスクをやみくもに恐れていても仕方がありません。
マンション経営において、どのようなリスクがあるのか、あらかじめ把握して、適切な対策を講じることで、損失を未然に防ぐことができます。

**Q** マンション経営では、どのようなリスクが考えられるでしょうか？

**A** マンション経営のリスクは主に8つあります。
各リスクの内容と対処法を紹介します。

### ①空室リスク　⇕　「立地」と「管理」で対処可能

空室リスクは、家賃収入に直接関係してきます。

空室が発生する理由はいろいろ考えられますが、最も大きな要素となるのが「立地」です。

都心から遠い、駅から20分以上歩く、といった利便性の悪い立地は、敬遠される第一の条件となります。

そのため、好立地の物件を購入することが、空室を避ける上でも不可欠になってきます。中には、地方都市であっても、満室の状況をキープしているアパートを見ることがあります。

満室の理由を探っていくと、

「大学のキャンパスが近い」
「近くに大きな工場がある」

といった要素が確認できる場合があります。

こうした特性は、オーナーさんにとって大変心強いことでしょうが、逆に、空室リスクを招く要因にもなりますから、注意が必要です。

すでにご紹介したように、現在は、大学キャンパスの都心回帰の傾向が強くなっています。突然、移転する可能性も拭えません。工場も業績不振で、突如として閉鎖されることもあります。

そうなれば、これまで満室だったアパートが一気に空室にひっくり返ってしまうケースも考えられます。

こうした潜在的なリスクも考慮して、立地を考えていくことが求められます。

建物や部屋、さらには共有スペースが清潔で、見栄えがするかどうかも重要な要素です。これは賃貸管理、建物管理で対応します。

時折、入居者に人気の立地にあっても、空室が目立つ物件がありますが、管理状態に問題があるケースが少なくありません。

建物や部屋は、マンション経営において大事な商品です。

その魅力が常に引き立つよう、管理会社に委託する場合にも、日頃の管理業務に手抜かりがない、信頼できる管理会社を選択すべきでしょう。

**②家賃下落リスク　⇕　「立地」と「管理」で対処可能**

家賃の相場は、賃貸需要がどれほどあるかによって決まります。

そのため、立地条件の良い、管理のしっかりした物件であれば、家賃が下落していく心配はあまり考えられません。

物件が古くなった場合はどうでしょうか。

この場合も、賃貸需要がある物件ならば、同じように下落リスクは小さいと考えられます。

やはり、賃貸需要の高い好立地で管理状態を良くしておくことが、大きな家賃下落を防ぐ条件といえます。

**③流動性リスク　⇕　「立地」と「管理」で対処可能**

本書ですでに取り上げた流動性リスクですが、もう1度確認しましょう。

不動産は相対取引が基本ですので、購入希望者と売却希望者の双方が存在しなければ、売買は成立しません。

購入希望者が現れなければ、売りたくても売れない、という状況に陥ります。

これもマンション経営の大きなリスクです。

このリスクに対応するには、物件の魅力を高めなければなりません。

そのためにも「立地」と「管理」が何よりも大切になります。

立地が良ければ、価格も落とさず、比較的短期間で売却することが可能です。

また、行き届いた管理ができて、満室状態を維持できれば、売却時にも有利に働きます。

賃貸マンションなどの物件を査定するときには「収益還元法」で不動産価格算出することが多いからです。

収益還元法とは家賃収入をベースに、物件が将来的に生み出すであろう収益を基本に物件価格を算出する方法です。

入居率が高く、家賃収入が高ければ、その分高い価格で売却される可能性が高くなります。

その意味でも入居者に寄り添った、充実した管理で満室経営を実現することが重要になってくるのです。

## ④家賃滞納リスク ⇕ 「管理」で対処可能

空室リスクと同様に、家賃滞納リスクも家賃収入に大きく関係します。

滞納額が高額になるほど回収が難しくなりますし、そのまま居座られてしまうと、新しい入居者を募集することもできません。

しかも滞納家賃は会計上未収金扱いとなってしまうので、入金されない場合でも税金の支払い対象となってしまいます。

立ち退き訴訟を起こすにも、3カ月以上の滞納実績が必要となりますし、訴訟の結果、強制退去を実現できたとしても、かなりの時間を要してしまいます。

その間、本来入るはずだった家賃の回収ができない上、訴訟費用、強制執行費用も必要になります。

ある意味、家賃滞納リスクは、空室リスクよりも厄介との見方もできるでしょう。

これを防ぐには、入居者の審査を厳しくするのも手です。

会社員であれば、職種、会社名、年収、勤続年数などを確認することによって、ある程度家賃滞納のリスクをチェックできます。

また、滞納が確認できれば、即座に催促するなど、早めに手を打つことも欠かせません。

この家賃滞納以外にも、入居者に関わるリスクはさまざまなものがあります。

「禁止しているペットの飼育」
「騒音を発生させるなどの迷惑行為」
「ゴミのルールを守らない」
「入居者同士のトラブル」

すぐに解決できないと、新しい入居者が決まらない、入居してもすぐに退去してしまう、といった新たな問題の発生にもつながります。

いずれにしても、この分野は賃貸管理の分野です。トラブルへの対処を含め、信頼できる賃貸管理会社を選ぶことが重要です。

### ⑤災害リスク ⇔「保険」と「分散」で対処可能

日本は災害リスクが極めて高い国です。

特に地震に関しては、日本列島全体が活動期に入ったと指摘する専門家もいます。首都直下地震、南海トラフ地震をはじめ、いつ大規模地震が発生しても不思議ではありません。

すでにご紹介したように、マンションは構造的に見ても、アパートよりも強度が高く、比較的安心といわれています。

また、新築マンションは全て、新耐震基準の下で震度６～７の大地震が発生しても建物が倒壊、崩壊しないことを前提に建てられています。

実際に新耐震基準が施行された１９８１年以降に建てられた建物は、阪神・淡路大震災でも大きな被害は少なかったことが分かっています。

また、２０１１年に発生した東日本大震災では、建て替えが必要なほどの致命的被害をこうむったマンションはなかったとも言われています。

近年は地震だけでなく、大規模水害も立て続けに発生しています。

災害リスクに対応するには地盤の強さや河川からの距離、最大規模の津波を想定した浸水予測などにも注目する必要があります。

それぞれの市町村で各種ハザードマップや液状化危険度マップなどが公表されていますので、そうした資料にも目を通しておけばいいでしょう。

さらに、踏み込んだ対応を行いたい場合には、次の２つの方法が考えられます。

１つは保険の加入です。

最も標準的な保険としては「火災保険」がありますが、これにプラスして「地震保険」に加入するという手もあります。

もう1つの方法が、すでにご紹介した「分散によるリスク回避」です。

1カ所に集中投資をするのではなく、さまざまな場所に分散して投資する手法です。

特に日本のような災害多発国であり、かつ人口が減少していく社会にあっては、この「場所」に基づいたリスクをどう小さくするか、考えなくてはならない問題です。

仮に東京でマンション経営する場合でも、調布に1部屋、木場に1部屋、恵比寿に1部屋というように、異なるエリアに物件を所有することで、リスクは分散されます。

こうしたリスク分散の考えを取り入れることで、マンション経営は、長期で安定的に運用を図ることができるのです。

## ⑥金利上昇リスク　⇕無理のない資金計画で対処可能

マンション経営は、多くが金融機関からの融資を受けて行われます。

金利が上がれば、当然、ローンの返済額が大きくなり、キャッシュフローが悪化します。

金利上昇は、マンション経営を行う上で大きなリスクにもなり得ます。

現在の日本の長期金利は、かなりの低金利でマンション経営を行う上で最適な金融環境です。

専門家の間でも、当面、金利が上昇する局面は考えられないという意見が大半です。

当分の間は、現在の超低金利は持続するでしょう。

ただ、金利上昇リスクはゼロではありません。

たとえ金利が上昇しても、それに伴い家賃も上昇する可能性が高いために、ローン返済額だけが増える可能性は低いものの、上昇リスクに対してあらかじめ対策を考えておくことも大切です。

そもそもコンパクトマンションは、ファミリーマンションやアパート1棟に比べて、購入額が低く抑えられることから、金利上昇リスクに強い物件とされていますが、返済が滞らないよう、無理のない資金計画を立てることが大切です。

さらに、金利が上がったときのシミュレーションをしてみることも重要ですし、効果的に繰り上げ返済をすることで、金利上昇のリスクを回避することもできます。

また、一部繰り上げ返済をして、残債を減らしておく対策も有効です。

## ⑦稼働率0％リスク　⇕所有物件を増やすことで対処可能

どんなに満室経営を心掛けて空室リスクの回避に努めても、一定の空室が出てしまうのは仕方がないところです。

入居者の事情もありますから、こればかりは完全にコントロールするわけにはいきません。

ただし、もし1部屋しか物件を持っていなければ、空室が出た途端に、稼働率が0％になってしまいます。

有効な対策として、所有物件を増やすことが挙げられます。

こうすることで、一部の物件に空室が生じたとしても、全体として一定の稼働率を維持することができます。

## ⑧不動産会社の倒産リスク　⇕歴史の長い不動産会社を選ぶことで対処可能

現代は、企業の寿命が短くなっており、絶対に倒産しない企業などは存在しない時代です。

オーナーさんは、管理を一括して管理会社に委託する場合がほとんどです。

その管理会社が仮に倒産してしまった場合、賃貸管理会社は入居者から回収している家賃をオーナーに入金できなくなります。

「賃料不払い」という状態です。オーナーさんにも被害が及ぶ可能性は高いでしょう。

また、近年は、空室が生じても一定の家賃収入が得られる「借り上げシステム」を利用するオーナーさんも増えています。

その運営会社が破綻したことで、借入金の返済に行き詰まってしまったオーナーさんもいます。

対処するには、できる限り倒産リスクの低い不動産会社を選ぶしかありません。

次章でも詳しく見ていきますが、歴史が長く、実績が豊富であるか、会社の財務状況は健全であるかどうかなど、できる限りの情報を入手して、業務を委託する不動産会社を選ぶことが重要になってきます。

# 第5章のポイント

マンション経営で最も大事なのは賃貸需要。物件の供給量に比べて、入居したいと考える人の数が多ければ、空室発生の可能性は低くなる。物件を購入する際には、人が多くいるエリアを選ぶ。

適切なエリアで物件を購入すれば、資産価値も低下しない。都心の駅近物件であれば、高値で売却できる。

「賃貸管理」「建物管理」も資産価値を維持させる大事な要素。行き届いた管理で満室状態を維持できれば売却時にも有利に働く。

マンションは構造上も耐震性が高く、災害リスクの軽減にもつながる。

物件の立地を間違えず、管理業務が適切に行われていれば、「空室リスク」「家賃下落リスク」を極小化できる。

「家賃滞納リスク」をはじめ、入居者にかかわるリスクは多数存在する。リスクを軽減するためにも、入居者の審査を厳しくするなど、日頃の賃貸管理業務が重要になる。

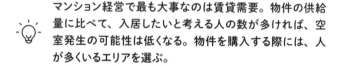

# 第6章

# 信頼できる不動産会社の8つの条件

マンション経営は長期にわたる事業です。物件の購入、入居者の募集、メンテナンス、売却も含め、さまざまな業務が発生します。その意味でも、長期にわたってオーナーさんを支えるパートナー（不動産会社）が必要です。信頼できる不動産会社とタッグを組んで事業に当たることができるかどうかが、マンション経営の成否の鍵を握っています。

# パートナーにすべき不動産会社を見極める8つのポイント

Q　マンション経営を行う上で、パートナーの存在は重要でしょうか？

A　極めて重要です。一言でマンション経営といっても、そこには多岐にわたる業務が発生します。物件を購入して終わり、ではありません。

入居者募集をはじめとした賃貸管理、メンテナンスを含めた建物管理、さらにはリフォームや売却など、さまざまな業務を行わなければなりません。

それらをオーナーさんが1人で担うのは、容易ではありません。そんなときに力になるのが、オーナーさんを支える不動産会社の存在です。

実際、国土交通省の「賃貸住宅管理業務に関するアンケート調査」（2019年）を見ても

「業者に任せず、全て自ら管理している」

オーナーさんの割合は、全体の2割程度。

「入居者募集から契約などの管理業務の全て又は一部を業者に委託している」が多数（8割程度）を占めています。

多くのオーナーさんにとって不動産会社は不可欠な存在ですが、だからこそ、その見極めは重要です。

後に紹介するように、運悪く不適切な不動産会社と契約したばかりに、マンション経営が行き詰まるオーナーさんも存在します。

Q どのような不動産会社をパートナーに選ぶべきでしょうか？

A 重視すべきポイントは次の8点です。いずれも重要な視点ですので、1つずつ詳しくご説明していきます。

**①歴史と実績がある**

コンパクトマンションを対象とした不動産投資（マンション経営）が始まったのは1970年代から。その歴史はおよそ半世紀に及びます。

この間、景気の拡大、収縮という景気変動に、コンパクトマンション業界は大きな影響を受けてきました。

景気拡大期、特に１９７０年代からバブル経済が終わる１９９０年代初頭までは、単身者用のマンション建設が大いに進み、業界も急成長を遂げました。

しかし、景気は永遠に上がり調子というわけにはいきません。

下降局面に入ると、業界全体が低迷します。

特にバブル経済の崩壊、そしてリーマンショックは大きな影響を及ぼしました。

多くの企業が業績を立て直すことができないまま、倒産の憂き目に遭いました。

こうした不景気の中でも存続してきた不動産会社こそ、安心できる、信頼できる企業だと言えるでしょう。

危機管理能力が高い、という点もさることながら、長期の経営で蓄積された膨大なデータや経験値を、現在の事業に生かせるのも強みです。

オーナーさんにおいても、マンション経営を始める上で大きな安心感につながることでしょう。

また、歴史や実績がある不動産会社ほど、金融機関からの信頼も厚いという利点があります。

提携先金融機関も多いことに加え、融資についての豊富な知見も持っています。結果的に、オーナーさんにとっては金融機関からの融資を受けやすい、というメリットがあります。

## ②充実した管理業務を行っている

「賃貸管理」「建物管理」の役割については、すでに詳しく紹介しましたが、近年、ますますその重要性が高まっています。

背景の1つに、2020年4月1日に施行された改正民法が挙げられます。

そもそも民法は、貸主（オーナーさん）よりも借主（入居者）に有利な内容となっていますが、今回の改正でそれがより顕著になりました。

特に無視できないのは、「設備の一部滅失による賃料減額」に関する内容です。

物件の設備などが故障によって一部使用不能になったときに、それが入居者の過失によるものでないと判断されれば、使用できなくなった部分の割合に応じて、賃料は「当然に減額される」ことになりました。

法律の条文において、従来の「減額請求できる」という表現から、よりシビアな表現に改められたわけです。これは大きな変化です。

例えば、給湯器が故障し、かつ修理がすぐに行われなかったために、一定期間、部屋のお風呂が使えなかった、という事案が発生したとします。

給湯器の故障が入居者の責任でないと判断されれば、基本的には家賃は減額されてしまう、ということです。

そのためにも、24時間365日のサポート体制を敷いているような、充実した管理業務を行う管理会社に委託する必要が出てきます。

## ③トータルサポートがある

マンション経営は長期にわたる事業です。

物件の購入、入居者の募集、メンテナンス、売却も含め、さまざまな業務が発生します。

通常、物件探しは不動産会社に、入居者の募集は賃貸管理会社に、メンテナンスは建物管理会社にと、それぞれの業務は専門会社が行います。

その業務ごとに各会社に依頼するとなると、オーナーさんにとっては面倒ですよね。１

カ所で済ませた方が便利です。

その意味でも、「分譲・販売」「賃貸管理」「建物管理」を総合的に行い、オーナーさんをトータルでサポートしてくれる会社が理想です。手間暇がかかりません。

さらに、ワンストップで対応する不動産会社であれば、オーナーさんにずっと寄り添いながら、長い時間軸の中で、最も効果的・系統的にサービスを展開することが可能になります。

## ④物件に対する目利き力がある

不動産会社には物件に対する目利き力も求められます。

一言で言うと、マンション経営を行う「立地」としてふさわしいかどうかを判断する力です。

マンション経営で最も懸念すべきは「空室リスク」ですから、入居率の高い物件を紹介してくれる不動産会社の評価が高くなるのは当然です。

もちろん、現況だけでなく、地域の将来性や地価の見通しなども見定めて判断する力がある不動産会社を選ぶべきです。

## ⑤自社開発や販売を行っている

ところで、このような目利き力はすぐに育まれるわけではありません。経験がモノを言います。特に「分譲・販売」の経験です。

その意味では自社開発を行う分譲会社（デベロッパー）をパートナーにすることは大変的を射ています。

そもそも、分譲会社が自社開発する場合にまず行うのがマンション用地の仕入れです。さまざまな用地情報を収集し、現地調査、マーケット調査を行った上で、

「物件の価値は高いか」

「その価値は将来まで維持できるか」

を判断します。

判断を誤れば、自社で在庫を抱えることになり経営問題に直結しますから、無理はできません。

マンション経営に不向きな立地と判断すれば、最初から建てることはありません。

逆に立地としては適していても、地価が高すぎると、販売価格も高く設定せざるを得なくなります。こうした立地にも建てません。

自社開発や販売を一体的に行っている会社ほど、用地の仕入れは慎重に行います。その意味でも、長年にわたり「分譲・販売」を自ら行ってきた分譲会社は、物件に対する目利き力は必然的に高くなるのです。

駅近の土地、特に人気のある沿線や、人気のある駅の近くなど、価値が低下しない、しかし、地価が高すぎない、そんな立地をしっかり見極めます。

逆にいえば、こうした姿勢を一貫している会社だからこそ、経済環境が悪化しようと、倒産する危険性は少ないといえます。

物件の目利きは、危機管理能力とも直結するのです。

## ⑥信頼できる「借り上げシステム」を構築している

物件を一括して借り上げ、入居者に貸し出す「借り上げシステム」と呼ばれる仕組みがあります。

入居者集めや管理は業者が行い、空室に関係なく毎月一定の家賃を支払う、というもので、マンション経営の経験やノウハウがない、忙しいオーナーさんにとってとても便利なシステムです。

もちろん、オーナーさんは一定の手数料を支払う必要がありますが、マンション経営の成否に直結する「空室リスク」の有効な対策として、借り上げシステムを選ばれるオーナーさんは増えています。

ただし、現在、この借り上げシステムに関するトラブルが多発しています。

「家賃30年保証」などをうたう会社もありますが、多くは数年ごとに契約は見直されます。当初の約束を反故にする形で、強引に家賃減額を要求する会社も少なくありません。減額に応じない場合は、契約解除を求める会社もあります。

日本の法律（「借地借家法」）は借主の権利が手厚く保護されるため、家賃の値下げ交渉は、業者側に有利に働く、という問題も背景にあります。

中には、運営会社が破綻し、借入金の返済に行き詰まったケースもあります。

例の「かぼちゃの馬車」事件がその典型です。

女性向けシェアハウスを展開してきた運営会社が破綻したことで、平均1億円ともいわれる、高額ローンを組んでいた多くのオーナーさんが巨額の負債を背負わされた上に、賃料の支払いを受けられず、返済に行き詰まってしまったという事件です。

リスクへの説明がほとんどなされないまま、安易な勧誘により物件を購入した多数のオーナーさんが被害を受けました。

こうした事態を受けて、国は新たな制度として、「賃貸住宅の管理業務等の適正化に関する法律」を制定し、運営会社は、

「誇大広告と不当な勧誘の禁止」

「オーナーさんとの契約締結前に、家賃の算出根拠や契約の更新条件などを記載した書面を交付・説明すること」

などが義務化されました。

オーナーさんを守るためにも、このような規制は重要なものですが、これだけでは根本的な問題の解決には至りません。

そもそもなぜこのような事態が発生するのか、という基本的なところに立ち返って考えることが重要です。

運営会社が家賃減額を要求する事例などを詳しく見ると、共通点が見えてきます。当初から計画に問題があった案件が多いということです。

駅から遠いなど、賃貸需要が見込めない立地であるにもかかわらず、土地持ちのオーナーさんに、強引にアパートやマンションの建設を勧めたケースなどが散見されます。見た目の利回りをよくするために、周囲よりも賃料を高めに設定して、オーナーさんを安心させますが、そもそも計画に無理がありますから、やがて経営は行き詰まります。

「かぼちゃの馬車」事件はやや特殊な事件でしょうが、これもビジネスモデル自体が、極めてずさんなものでした。

シェアハウスは、お風呂やトイレは共用で、一部屋の専有面積を限りなく小さくすることで、結果的に利回りを高く設定できますが、冷静に考えれば

「こんな物件に誰が住むのだろう」

という疑問が浮かびます。

それくらい住居としての魅力が乏しいのです。

しかも、家賃を周囲の物件より高めに設定されていましたから、なおさら人気が出るわけがありません。

入居者から支持を受ける要素は皆無でしたから、入居率は4割程度。賃貸事業としては致命的です。

当然、これではオーナーさんに支払う賃料を賄うことはできず、物件の売却利益を家賃収入に回す自転車操業を続けていました。当初から運営会社の経営破綻は時間の問題だったのです。

このような不良業者がはびこる一方で、信頼できる運営会社も存在します。どこを見極めるべきでしょうか。

やはり会社の歴史と実績を見るしかありません。

借り上げシステムを長年、問題なく行ってきた会社であるかどうかを判断基準にすべきでしょう。

借り上げシステムがうまく機能するためには、

「土地の仕入れ値を含めて、物件の立地選択が的確であるか」

「無理な家賃設定をしていないか」

などさまざまな要素が考えられます。いわば、会社としての総合力が試されているのです。

そうした総合力は、長い歴史を重ねた上で培われます。

実際、この運営会社をはじめ、問題を起こしているのは新興企業が中心でした。新興企業が借り上げシステムを定着させるには、いろいろなハードルがあります。オーナーさんとのトラブルは、そうしたハードルを越えられずに、無理に無理を重ねた結果でもあるのです。

このことをしっかりと教訓にすべきでしょう。

## ⑦入居者に選ばれる設計・デザインをしている

外観、内観を含めて、入居者に支持される設計・デザインが大変重要になりますが、これも口でいうほど簡単ではありません。

コンパクトマンションに入居する、若い世代の流行も追わなければいけません。しかしその一方で、利回りを考えると、必要以上に費用をかけるわけにもいきません。

ここにジレンマがあります。

このジレンマを乗り越える秘訣が、③で紹介したトータルサポートです。

「分譲・販売」「賃貸管理」「建物管理」という異なる分野を1社が担い、日々、一体的に情報を共有・集約することで、さまざまな効果が期待できるのです。

例えば、「賃貸管理」と「分譲・販売」。この相乗効果が設計・デザインに生きてきます。

「賃貸管理」は日々、入居者や住居を探している方々と接しています。

当然、入居者が好む快適な間取りなどを含め、入居者ニーズや要望が集まってきます。

そのニーズを部屋のデザインや設備に反映することで、入居者からの支持が高い建物や部屋づくりが可能になり、「分譲・販売」に生かされる、というわけです。

## ⑧長期的展望に基づいたオーナーサービスがある

何度も言いますが、マンション経営は長期的な事業です。

大規模修繕を含めて、将来的にいかなる費用が発生するのかをあらかじめ知っておかないと、事前に資金計画など立てられません。

一般的に、不動産会社はそうした情報を積極的に出したがらない傾向にあります。

特に「支出」というマイナス要素を伝えると、物件購入の妨げになるのではないかという心理が働くからです。

しかし、こうした姿勢では、オーナーさんをサポートすることはできません。リスクや失敗例も含めて、積極的にお伝えする姿勢が重要になります。

また、情報提供にとどまらず、長期的視野に立って、

「入居者が退去する際の原状回復費用の保証」

「入居中の突発的な設備機器の修理交換などの工事費用の保証」

など、オーナーさんの経営を助け、負担を軽減するサポート制度を構築しているか、という点も重要になってくるでしょう。


「賃貸住宅の管理業務等の適正化に関する法律」が制定されたことで、「借り上げシステム」を行う運営会社にはオーナーさんへの適切な事前説明が義務付けられました。

また、賃貸住宅の管理を行う業者にも国土交通大臣の登録義務が課されました。

かつては、不動産業界全体の傾向として、オーナーさんにリスク説明を行わずに、強引な営業が黙認されていた時代もありましたが、もはやそんなことは許されません。

不動産会社は、これまで以上にオーナーさんと共に経営を行うパートナーとしての役割が求められるようになりました。

本物しか生き残れない時代に入ったといえるでしょう。

# 第 6 章のポイント

マンション経営を行う上で、パートナーの不動産会社は重要な存在。だからこそ、どの不動産会社と契約するか、その見極めも重要になっている。

信頼できる不動産会社は次の8つの条件から見極める。
①歴史と実績がある
②充実した管理業務を行っている
③トータルサポートがある
④物件に対する目利き力がある
⑤自社開発や販売を行っている
⑥信頼できる「借り上げシステム」を構築している
⑦入居者に選ばれる設計・デザインをしている
⑧長期的展望に基づいたオーナーサービスがある

不動産会社は強引な営業が黙認されていた時代もあったが、これからはオーナーさんのマンション経営を助けるパートナーとしての役割に徹する「本物」の不動産会社しか生き残れない。

# 第 7 章

# 新たな挑戦へ
# 著者・西田美和
# インタビュー

２０１９年に創業50周年を迎えたスカイコート株式会社。２０２１年3月現在の分譲棟数は９４４棟、３万４２８７戸を数え、これまで2万人を超えるオーナーから信頼を得ています。この第7章では、本書の著者で２０１９年に社長に就任した西田美和氏に、入社以来の歩みと現在の取り組み、今後の展望について、その思いをインタビューしました。

## 誰よりも遅い「会社人デビュー」感謝と恩返しのサービスに専心

――スカイコートへの入社は2012年ですね。

**西田**　8歳からフィギュアスケートを始めて、大学までフィギュアスケートの選手として活動した後、プロに転向しました。20年以上にわたり、プロのアイスショーチーム「PRINCE ICE WORLD」に在籍し、数々のショーに出演してきました。

そうしたキャリアを経ての入社ですから、誰よりも遅い「会社人デビュー」となりました。

## ――プロスケーターからの転身。戸惑いはありませんでしたか？

**西田**　まったくの畑違いですから、当初は戸惑いもありましたが、私にできることをやるしかないと腹を括りました。

私はスケーター時代から、「お客さまに喜んでいただくこと」を一番のやりがいとしていました。

応援してくださるお客さまの存在があったからこそ、長くスケートを続けることができたと感謝しています。その感謝の思いを、「笑顔」で演技することを通して、常に表現してきたつもりです。

父が創業したスカイコートも、2万人を越えるオーナーさまに支えられて、ここまで事業を継続することができました。

そうであるなら、会社としてもっとオーナーさまに感謝の気持ちを表す機会をつくるべきではないか、と考えました。

そこで、まずオーナーさまへのサービスに努めることにしたのです。スケーターからビジネスパーソンへと立場は変わりましたが、「感謝」と「恩返し」は私の原点であり、一貫して大事にしていることでもあります。

**――具体的にどのような取り組みを始められたのですか？**

**西田**　当時、私にできることといえば、「スケート」しかありませんでしたから、「オーナーさま感謝祭」と銘打って、「スカイコートスケート教室」を開催することにしました。オーナーさまを無料でご招待し、スケート指導をするイベントです。

第１回は２０１３年12月で、幸いなことにこれが思いのほか好評でした。「次も開催してほしい」という声に応える形で、これまで継続的に6回ほど開催してきました。

## ――ご自身の企画に、大きな手応えを感じられた？

**西田**　そうですね。自分の活躍場所を見いだすことができて、徐々に自信をつけていったという感じです。

さらに、スケート教室にご参加いただいたオーナーさまのご家族に知的障害をお持ちのお子さんがいらっしゃって、そのご家族との交流をする中で、スポーツを通じて、障害のある方を支援する「スペシャルオリンピックス」の存在を知りました。

その活動や意義に心から賛同した私は、スカイコートとして「スペシャルオリンピックス日本」とフレンドシップスポンサーの契約を結ばせていただきました。また、埼玉支部にフィギュアスケート部門も立ち上げ、私自身もボランティア講師として、スケート指導を行っています。これらは社会貢献活動の一環として、今後も続けていきたいと思っています。

# （高橋大輔選手とコラボした「Ｄ－ｃｏｌｏｒプロジェクト」）

――創業50周年を記念した「Ｄ－ｃｏｌｏｒプロジェクト」が話題になりました。

**西田**　入社以来、みんなが驚き、ワクワクするような、そして会社の知名度がグッと上がるような50周年の記念企画をずっと考え続けてきました。

２０１３年に他界した創業者の父（西田鐵男）も、50周年の節目をとても楽しみにしていましたからね。

でも、なかなか「これ」というものを見つけ出すことができませんでした。

そうした中で、転機となったのが、２０１６年に見に行ったアイスショーでした。

主演を務めていた髙橋大輔選手がトークイベントの中で、

「スケート選手でなければ、建築士になりたかった」

と話されたのを耳にしたのです。

椅子から転げ落ちそうになるぐらい驚くと同時に「これだ！」と思いました。

フィギュアスケートで培ったセンス、表現者としての才能を存分に生かしていただいて、当社の「次の50年」につながるような物件を、スカイコートと髙橋選手と力を合わせて、一緒につくることができないか、と考えたのです。

そこで、髙橋選手に

「一緒にやってみない？」

と私からお声を掛けさせていただきました。

**――髙橋選手にはどんなことをお願いされたのですか。**

**西田**　厚かましいことと思いますが、マンション1棟のトータルコーディネートです。それも企画段階から物件づくりに参加していただきました。
まずはイメージコンセプトの共有から始まり、外観、外装、内装や、エントランスなどの共用スペースに関しても、どういうデザインにするか、仕様はどうするかなど、一つ一つディスカッションを重ねました。

**――マンション1棟ですから、工程ごとの決め事がたくさんありそうですね。**

**西田**　ええ。それこそ外壁素材から、キッチンや浴室などの水回り設備、電気設備なども、実際の商品を見ながら、検討を加えて、決定していきました。
予算に限りがありますから、全てのアイデアを形にすることはできませんでしたが、髙橋選手ならではのセンスを十分に注ぎ込んでいただけたと思います。
髙橋選手と連携してプロジェクトを進める中で、改めて実感したことがあります。それは髙橋選手の卓越したイメージ力です。

おそらく髙橋選手の頭の中には完成物件が明確にイメージされていたと思います。そこから逆算して各パーツを考えるので、一つ一つの要素が全体のテーマとぶれずにうまく調和していました。もし、スケーターでなければ、本当に優れた建築士として活躍されていたのではないかと思います。

細部へのこだわりや記憶力もすごかったですよ。

あるとき、時間がないので、髙橋選手の了承を得ないままに、当社で進めようとした箇所があったのですが、

「僕、そこ、決めていましたっけ?」

とすぐに指摘されてしまいました。

**――プロジェクトの最初の記者会見から完成まで2年以上の時間を要しましたね。この間に、髙橋選手を取り巻く環境も大きく変わったと聞いています。**

**西田**　プロジェクトが始まって半年ほどが経過した２０１８年７月に突如として現役復帰を宣言されました。

引退から４年もの時間を空けての現役復帰は、世界的にも前代未聞のことですが、見事その年の全日本選手権で準優勝の結果を勝ち取られました。

本業のスケートに取り組まれながら、私たちのプロジェクトにも力を注いでいただき本当に感謝しています。

何度も本社に足を運んでいただきましたし、時間を見つけてはデザイン・イメージの参考にしたいと、当社の物件も視察されました。基礎工事が始まると、建設現場へも足を運ばれました。地鎮祭へも出席していただきました。


**――完成後の出来映えはいかがでしたか？**

**西田**　髙橋選手のセンスやアイデアが濃厚に詰まった物件になりました。特徴的なのは色づかいですね。
建物正面の最上階付近には、黒と白を中心とした背景に、赤いタイルで小文字の「d」を横にしたデザインがあしらわれています。遠くからでもよく目立つし、何よりも建設された浅草の街によくなじんでいます。

**——内装はどうでしたか？**

**西田** 白と黒のシックなカラーコーディネートですが、キッチンパネルや独立洗面台のパネルに、黄色やブルーなど、原色の鮮やかな色も配置しています。
遊び心がいっぱいで、品もある。実際に入居された皆さんにも大受けです。

**――最上階が目玉のようですね。**

**西田**　最上階には広いルーフバルコニーにウッドデッキやデザイン性の高い手すりを設けました。正面に迫力満点のスカイツリーが見えるんですよ。

物件は実際に「スカイコートＤｉｂｅｒｔｅ浅草」（ディベルテ浅草）として売り出したところ、売れ行きも好調ですぐに完売。部屋も使いやすいと評判です。

## （次の50年を見据えた新たな取り組みを続々と開始）

――「Ｄ－ｃｏｌｏｒプロジェクト」と並行して、社内でも次の50年を見据えた施策を新たに進められたようですね。

**西田**　１００年企業としての基盤を確かなものとするためにも、社内改革に取り組みました。重視したのは、グループ会社を含めての一体感の醸成です。

バラバラだった社内のロゴの統一に着手したほか、私がスケート人生を通じて、何よりも大事にしていた「笑顔」を盛り込む形で、グループの企業理念を「みんなの笑顔をつくる」に設定しました。また、初めて社歌の制作も進めました。

さらに、社内で女性活躍を進めるためにも、社内の女子社員の手で賃貸物件の建設に携わる「女性プロジェクト」も推し進めました。完成する前から予約が来るほどに、大きな反響がありました。

――２０１９年からリノベーション事業にも着手されましたね。

**西田**　当社は不動産の分譲・販売、賃貸・マンスリー事業、マンション管理事業などを手がけて、トータルでオーナーさまのマンション経営をサポートしてきましたが、その中で唯一行ってこなかった事業があります。それがリノベーションでした。

当社の物件の中には、築30年以上のものも増えつつあり、老朽化した物件を元に戻す「リフォーム」だけではなく、新しくつくり変えて、今までとは異なる価値を加えるリノベーションの必要性が高まっていました。

実際、フルリノベーションをしたいというオーナーさまの要望も寄せられていましたし、他社から買ったファミリー向けマンションを改修したいという依頼も受けていました。

こうした声に応えるためにも、２０１９年11月に、当社で初のリノベーション事業の専門部署「スカイクラフトラボ」を立ち上げました。

## ――立ち上げから間もないですが、どのような成果が出ていますか？

**西田**　1件ずつ、オーナーさまの要望をお聞きしながら、リノベーションの方向性を決めて、改修工事を進めていくのですが、実際に、フルリノベーションすることで物件の付加価値を高め、月額賃料を2万5000円上げた部屋もあります。

建築好きの私もインテリアデザイナーとして携わっていますが、物件が新しく生まれ変わる過程を確認できて、楽しさややりがいを感じています。

当社の物件にはかつて多用された「3点ユニット」のタイプもありますが、今は残念ながら人気がありません。

入居者に選ばれる物件にするため、オーナーさまにリノベーションを積極的に提案していこうと考えています。

**――2020年1月から「D－colorプロジェクト」第2弾も始まりました。このテーマも「リノベーション」ですね。**

**西田**　髙橋選手も中古マンションを購入し、ご自宅を大改装された経験をお持ちです。今後、スカイコートでは、自社物件のみならず、一般住宅、カフェなどの幅広いリノベーションを受注していく計画ですが、髙橋選手ならではのアイデアを提供していただき、世界に1つだけの内装をたくさん生み出してもらいたいと思っています。

そこで、今回の第2弾では、スカイクラフトラボとのコラボ企画として、コンパクトマンションのフルリノベーションを行うことにしました。

リノベーションは私たちにとっても、そして髙橋選手にとっても新たな挑戦となりました。

髙橋選手が今回デザインしたテーマは「色遊びができる部屋」。一見派手に思える青とピンクを基調とした部屋は、他の色と合わせるとまとまりのある空間になるので、写真や絵画なども飾りやすく、自分らしくカスタマイズしやすい空間です。

1Rをより広く使うために浴槽はあえて設置していませんが、その代わりに高級感があり使い勝手の良いシャワーブースにこだわり、ピンクで統一したトイレや洗面所も華やかな空間にしています。

高橋選手には海外から練習の合間を縫ってリモート会議に参加していただき、カラーサンプルを見ながら意見を出してくれたり、前回以上に積極的にプロジェクトに参画してくださいました。

その甲斐あって、まさに世界に1つしかない特別な、「大輔（D）スタイル、大輔（D）カラー」の素敵なリノベーション物件が完成しました。

2019年、スカイコート株式会社は創業50周年を迎え、記念事業として「D-colorプロジェクト」をスタート。トータルコーディネーターとしてフィギュアスケートの髙橋大輔選手を迎え、第1弾ではマンション1棟の企画・設計・施工を、第2弾では1ステューディオタイプの部屋のフルリノベーションなどを行っています。

シックな色合いの採光豊かな部屋と、こだわりの照明（スカイコートディベルテ浅草）

第 1 弾ではマンション 1 棟（スカイコートディベルテ浅草）を施工。大人気物件となった

プロジェクト発足記者会見にて。西田美和社長（左）、髙橋大輔選手（右）

第２弾では１スチューディオタイプの部屋をデザイン。青とピンク、黒を用いた斬新な「色遊び」にこだわった。最新設備を取り入れ居住空間の質を高めた（スカイコート高輪）

スカイコート社員に混ざって、髙橋選手も設計図やカラーパターン、素材見本を前に積極的に発言した

――ところで、「Ｄ－ｃｏｌｏｒプロジェクト」とは別に、スカイコートとして、髙橋選手の選手サポートにも取り組まれていますね。

**西田**　はい。現役復帰の時点から、アイスダンスに転向された現在に至るまで一貫してスポンサー（選手サポートスポンサー）としてサポートさせていただいています。

髙橋選手の「挑戦」が、次の50年に向けて、挑戦し続けていく当社の企業姿勢に重なったからです。髙橋大輔選手、村元哉中選手にはぜひ２０２２年の北京オリンピック日本代表を勝ち取っていただきたいと思います。

――2020年はコロナ禍で試練の年になりましたが、コンテストやコンペなども行われたようですね。

**西田**　外出自粛などにより世の中に重苦しいムードが漂っていましたが、このような状況だからこそ家族で楽しい時間を過ごしてもらえるような、そんな「みんなが笑顔になる」企画を提案してほしいと、社内の全部署にお願いをしました。

その結果として、実現したのが「夢のお部屋コンテスト」です。

「こんな部屋に住んでみたい」

「50年後の未来の部屋」

など、それぞれの『夢のお部屋』を募集したところ、小学1年生から70代の方まで、全国の幅広い年代の皆さまから多数のご応募をいただきました。

コロナ対策をしながら、作品展も開催したほか、髙橋大輔・村元哉中選手の審査の舞台裏などをＹｏｕＴｕｂｅで公開しました。

加えて、「スカイクラフトラボ」の発足を機に、建築士やインテリアコーディネーターを目指す若手の育成と活躍の場をつくりたいとの思いから、学生向けのコンペ「スカイコート学生プランニングコンペ」も新たに始めました。

「50年後の東京のワンルームマンション」をテーマにアイデアを募集したところ、個人作品・グループ作品合わせて１００以上もの作品応募がありました。

また、学生を対象にスカイコートの仕事を体験する「１ｄａｙインターンシップ」も実施しました。

併せて、当社のお知らせや新規物件内容、さらにはマンション経営に関する情報を幅広く発信しようと、ＹｏｕＴｕｂｅの公式チャンネル「スカイコートチャンネル」も新たにつくり、配信しています。社員もチャンネルに登場していますので、ぜひオーナーさまを含めて、多くの方にご覧いただきたいです。

# マンション経営の素晴らしさを1人でも多くの人に届けたい

――今後の展望は？

創業50周年を迎えた2019年は、私自身にとっても大きな転換期となりました。社長として、経営を任せられる立場に立つことになったのです。

当社が世の中に生み出した物件数は3万4000戸を超えます。

これだけ規模が大きくなっても、私は一つ一つの物件に対する愛情を失ってはいけないと自分に言い聞かせています。

日々、物件の売買、管理などに携わる社員にも、

「マンションを単なる投資商品と思わないでほしい」

と常々伝えています。

実際、一つ一つの部屋には、オーナーさまや入居者はもちろん、私たち不動産会社、そして職人さん、建築家さんをはじめとした作り手の思いがこもっています。

そこが株式やＦＸなどの金融商品とはまったく異なります。

そうした自社物件への愛情を原点に、創業者の父や先人の方々が築いてきたこの会社、そしてマンション経営のシステムを守り続け、進化させること。これが今の私に課せられた使命と受け止めています。


同時に、マンション経営の素晴らしさを、１人でも多くの人に知ってもらいたいとの思いも持っています。

私はスケートを通じて、中学生のころから海外留学をする機会に恵まれました。その留学体験の中で、海外では不動産を持つことがステータスであることを知るようになりました。

しかし、日本では不動産は「危ないもの」との認識が広まっていて、不動産投資やマンション経営を避けようとする傾向があります。

不動産を取り巻くこうした認識が少しでも変わればいいな、と思っていたところ、最近はビジネスチャンスに敏感な若者がトレンドだったり、「投資女子」という言葉が流行になるなど、変化の兆しも感じるようになりました。

日本でも若い人の間でマンション経営がステータスと認識される時代が来てほしいですし、当社もそのために力を尽くしていきたい。これからも各種セミナーやSNSなどを通して、幅広く情報発信に努めていきます。

（聞き手・経済界出版部）

# おわりに

この本を手に取ってくださった皆さま、本当にありがとうございます。私の人生はフィギュアスケート一色でした。プロフィギュアスケーターとしてアイスショーでお客さまから応援していただけるという夢のような生活がずっと続けばと願いつつも、40代になって不動産業界で社会人デビューを果たし、新たな挑戦と戸惑いの中、さまざまな出会いとご縁を頂き、この業界で私なりの目標をいかに成し遂げるかを真剣に考える毎日です。

私自身50歳を過ぎて思うのは、もし今の若い方々が当社の推奨するマンション経営を始めたなら、人生を豊かにする選択肢が増えるのではないかということです。その想いを1人でも多くの方にお伝えしたくて、この本を出版することにしました。

若い方々に、と書きましたが、何かを始めるタイミングはいつがベストということはなく、思い立った時、感じた時だと思います。気になることや疑問を感じたら、そのままにせず、解決のための1歩を踏み出していただきたい。人生を決めるのは自分次第です。

この本をお読みになって、もしマンション経営にご興味を持っていただけたなら、ワクワクする将来のライフスタイルをぜひイメージしてほしいと思います。その未来を創る伴走者として、私たちがお手伝いできたらうれしく思います。

フィギュアスケートを通じて観客の皆さまとつながることができたように、この本を通じて読者の皆さまとつながれたら本望です。氷上の表現者であった私にとって、本の上での表現は初めての挑戦です。どうか皆さまの人生の新たな発見につながりますように。私自身これからも感謝の気持ちを忘れることなく、あきらめることなく、常に挑戦し続けたいと思います。その先にある幸せを皆さまと共に分かち合えることを願っております。

この本の出版にあたり、経済界の佐藤有美社長、編集の大澤義幸さんをはじめ制作関係者の皆さま、髙橋大輔選手ならびにユニバーサルスポーツマーケティングさまに御礼申し上げます。またこの場を借りて、いつも会社を支えてくれる社員の皆さんに感謝いたします。そして最後になりましたが、本書をお読みいただきました皆さまありがとうございました。これからもよろしくお願いいたします。

西田美和

# SKYCOURT 52YEARS HISTORY

| | | |
|---|---|---|
| 1969年 | 4月 | 横浜市神奈川区に「新東商事株式会社」設立（資本金250万円） |
| 1974年 | 4月 | 「横浜商事株式会社」に商号変更 |
| 1983年 | 11月 | 不動産業界の進出を図り「スカイコート株式会社」に商号変更 |
| 1984年 | 1月 | 宅地建物取引業免許（東京都知事免許）取得 |
| | 4月 | 本店を東京都渋谷区に移転 |
| | | 「スカイコート賃貸センター株式会社」設立 |
| | | オーナーズマンションシリーズ第1号「スカイコート中目黒」完成 |
| 1985年 | 8月 | 総合管理等を主目的として「スカイサービス株式会社」設立 |
| 1987年 | 1月 | 宅地建物取引業免許を東京都知事免許から、建設大臣免許に切り替え |
| | 7月 | 「エスシー観光株式会社（スカイコートホテル株式会社）」設立 |
| | 8月 | 初のマンスリーマンション「スカイコート下高井戸」開業 |
| 1988年 | 3月 | 「第1回スカイコートレディースゴルフトーナメント」開催 |
| | 8月 | ホテル業界に進出「スカイコート川崎」「スカイコート小岩」開業 |
| 1989年 | 8月 | 海外不動産事業開始（オーストラリア、ハワイなどのコンドミニアムを運営） |
| | 12月 | ハワイでの現地法人「SKYCOURT HAWAII INC」設立 |
| 1990年 | 1月 | 米国本土の現地法人「SKYCOURT USA INC」設立 |
| | 8月 | 米国における事業を統括する持ち株会社として「SKYCOURT AMERICA INC」設立 |
| | | 米国ラスベガス州に現地法人「SKYCOURT LASVEGAS INC」設立 |
| | 10月 | 初のファミリーマンション「ヴァンテアン品川」完成 |
| | 11月 | 福岡支店を開設 |
| | 12月 | 東京都新宿区に本社ビル「スカイビルディング」完成 |

| | | |
|---|---|---|
| 1991年 | 6月 | 東京都新宿区に本店を移転 |
| 1994年 | 1月 | 初の国内リゾート「スカイコート湯沢」分譲開始 |
| | | 米国ナパヴァレーにてワイナリー「ナパ・セラーズ」所有 |
| 2006年 | 3月 | 「スカイホテル苅田」開業 |
| 2012年 | 11月 | イメージキャラクター「スーちゃん」誕生 |
| 2013年 | 12月 | 「第1回スカイコートスケート教室」開催 |
| 2014年 | 7月 | 分譲900棟目「スカイコート多摩川壱番館」完成 |
| 2015年 | 6月 | ACTUSデザインリノベーション「OWN APARTMENT」完成 |
| | 9月 | スペシャルオリンピックス日本、協力・支援 |
| 2016年 | 3月 | オーナー様総合サービス「オーナーズサロン」開設（現・オーナーサポート） |
| 2018年 | 1月 | 創業50周年プロジェクト　髙橋大輔選手トータルコーディネートによる「D-color」始動 |
| | 7月 | フィギュアスケーター髙橋大輔選手スポンサーシップ契約 |
| 2019年 | 4月 | スカイコート株式会社創業50周年 |
| | 5月 | D-colorプロジェクトマンション「スカイコートディベルテ浅草」完成 |
| | 6月 | 累計分譲戸数3万4000戸を達成 |
| | 7月 | アイススケートショー「氷艶2019」協賛 |
| | 10月 | 西田美和取締役社長就任 |
| | | スカイコート本社に「セミナールーム」新設 |
| | 11月 | リノベーション専門部署「スカイクラフトラボ」設立 |
| 2020年 | 1月 | 「D-color」プロジェクト第2弾始動 |
| | | アイススケートショー「ICE EXPLOSION 2020」協賛 |

2021年

4月 「第1回夢のお部屋コンテスト」開催

6月 「第1回スカイコート学生プランニングコンペ」開催

7月 スカイコート公式YouTube「スカイコートチャンネル」スタート

12月 アイスダンス髙橋大輔・村元哉中選手スポンサーシップ契約

1月 スカイコート賃貸センター新宿支店、曙橋駅前に移転

「D-color」第2弾 リノベーション物件完成

**累計分譲戸数3万4287戸、累計分譲棟数944棟**（2021年3月現在）

本著をお読みになってマンション経営にご興味をお持ちになられた方は、下記までお気軽にご連絡をお願いいたします。（ご感想は巻末の経済界出版局までお願いします）

【マンション経営のお問い合わせはこちら】
スカイコート株式会社
0120-27-4110（フリーダイヤル）
資料請求用URL
▶ https://www.skyc.jp/siryou-seikyuu/

〒162-0067
東京都新宿区富久町8-22
TEL：03-5269-3700
ウェブサイト
▶ https://www.skyc.jp/
info@skyc.jp

スカイコート本社ビル（東京都新宿区）

**西田美和**（にしだ・みわ）

1967年東京都港区生まれ。明治大学政治経済学部卒業。8歳よりフィギュアスケートを始める。明治大学在学中にインカレ3位入賞。90年アマチュア引退後、プロフィギュアスケーターに転向。「PRINCE ICE WORLD」のアイスショーチームに27年間在籍。2010年フィギュアスケートを題材とした全国劇場公開映画「COACH」で主演を務める。12年11月スカイコート株式会社入社。13年4月取締役就任、7月取締役企画室企画部部長就任。12月第1回スカイコートスケート教室開催。15年スペシャルオリンピックス日本をサポート（埼玉理事）。18年1月スカイコート株式会社取締役ブランディング推進部部長就任。創業50周年を機にフィギュアスケートの髙橋大輔選手とコラボレーションした「D-color」プロジェクトを発足。8月女性向けセミナー「マネーセミナー」開催。19年7月髙橋大輔選手主演アイスショー「氷艶2019～月光かりの如く～」協賛、出演。10月スカイコート株式会社取締役社長就任。

スカイコート株式会社
https://www.skyc.jp/

**はじめてのマンション経営**
**~30・40代の今からできる資産運用**

2021年4月5日　初版第1刷発行

著　者　西田美和
発行人　佐藤有美
編集人　大澤義幸

発行所　株式会社経済界

出版局　〒107-0052 東京都港区赤坂1-9-13　三会堂ビル8階
出版編集部 ☎03-6441-3743
出版営業部 ☎03-6441-3744
https://keizaikai.co.jp/

印　刷　日本ハイコム株式会社

ISBN978-4-7667-8622-4　C0033　¥1430E